So kochten wir
in Mecklenburg-Vorpommern

KARIN IDEN

So kochten wir in Mecklenburg-Vorpommern

HINSTORFF

Inhalt

VORWORT

»Watt de Buer nicht kennt, dat itt hei nich«, so lautet ein Spruch in Mecklenburg-Vorpommern. Das bedeutet, allem Fremden gegenüber ist man hier eher misstrauisch. Dies gilt vor allem für die vielen Gaumengenüsse – die müssen einfach heimisch sein.

Landwirtschaft, Fischerei und Jagd spielten schon immer eine bedeutende Rolle in Mecklenburg-Vorpommern. Aber nicht jeder hatte Anteil an diesem Reichtum. Das Land war eines der sozialen Gegensätze, der »Schlösser und Katen«. Und so stammt die regionale Küche teils aus feudalen Gutsküchen, teils von einfachen Herdstellen.

Man lebte von dem, was Erde und Gewässer hergaben: Fisch aus der Ostsee und den mecklenburgischen Seen, fette pommersche Gänse, Rind- und Schweinefleisch, Milch und Kartoffeln. Daraus lernte man einfache und schmackhafte Gerichte zuzubereiten. Und so ist es kein Wunder, dass die Küche bodenständig, oft sparsam und einfach war.

Mit einheimischen Produkten kam durchaus Schmackhaftes auf den Tisch. Deftige Genüsse standen auf dem Speisezettel, wie Wrukeneintopf mit Gänsekeule, Kohl mit Hammelfleisch oder Hecht in Schmantsoße. Schön satt wollte man werden und nahm deshalb immense Mengen zu sich. Das stellte auch ein Herr von Suckow 1801 fest: »… dass die geringe Menschenmasse auf dem Land in Mecklenburg weit stärker arbeitet, als sie vielleicht in jenem anderen Staat thut, ist unleugbar. Aber ebenso gewiss ist es auch, dass der geborene Mecklenburger dieser Gattung beinahe noch einmal so viele Speisen zum Unterhalt braucht, als seine Mitarbeiter in anderen Ländern.«

Warum interessieren wir uns heute dafür, wie unsere Großeltern aßen und warum sie in früheren Zeiten anders gekocht und gebacken haben? Rezepte mit Gerichten der älteren Generation sind Erfahrungen der alten Zeit. Grund genug, „Schätze aus Großmutters Küche" neu zu entdecken und weiterzugeben.

Erinnerungen an meine Großmutter: Sie kochte, ich stand neben ihr, verfolgte jeden Handgriff, hörte ihr zu, wie sie von Gerichten aus Mecklenburg-Vorpommern sprach. Dabei fiel öfter etwas zum Naschen ab. Interessiert an Kulinarischem war meine Großmutter schon immer. Und so brachte sie in den Jahren um 1900 von ihren Reisen in die »Sommerfrische« zu ihren Verwandten und Freunden, nach Mecklenburg-Vorpommern – vorzugsweise Zingst, Neubrandenburg, Penzlin, Neustrelitz – Zettel mit handgeschriebenen Koch- und Backrezepten mit.

Noch etliche Jahre später, zu Hause in Berlin, schwelgte sie in kulinarischen Erinnerungen, wenn sie für uns das eine oder andere Gericht kochte. Wir lernten Kartoffelsuppe mit Speck und Pflaumen, Schmantkartoffeln, Kopfsalat mit saurer Sahne (und vielem Zucker) kennen. Ehrlich gesagt, war das nicht immer ein Geschmackserlebnis, manches war schon gewöhnungsbedürftig. Je älter wir wurden, um so eher hatten wir Gefallen an dem süß-saurer Abgeschmeckten.

Nach einer Fahrt durch Mecklenburg-Vorpommern, kurz nach der Maueröffnung 1989, erinnerte ich mich an eine Lose-Blatt-Sammlung mit Rezepten, die mir irgendwann einmal meine mittlerweile verstorbene Großmutter schenkte. Ich suchte diese Zettel heraus: Große und kleine kamen zum Vorschein, beschrieben mit zig Rezepten. Alles in Großmutters Handschrift, versehen mit den platt- und hochdeutschen Namen sowie den »Urhebern«, wie zum Beispiel bei Vermaus (Viermus) Tante Hedding.

So nahm ich mir die Rezepte vor und sortierte, kochte und probierte. Da wurde so mancher Geschmack gegenwärtig. Interessante Gerichte – bekannte und unbekannte.

So erging es sicher etlichen Rezepten – in sehr vielen Familien. Es gab sie nur auf dem Papier, sie hatten eine ganze Generation über im Dornröschenschlaf verbracht.

Damit sie nicht nun noch eine weitere Generation »verschlafen« oder unangetastet herumliegen, fasste ich sie zu einem Kochbuch zusammen. Denn: Rezepte gehören zu unserer Geschichte, man darf sie nicht für sich behalten.

Erst seit einigen Jahren besinnt man sich in Deutschland wieder auf regionale Produkte und Gerichte aus Großmutters Küche. Alles soll wieder bodenständig sein. Wie anfangs erwähnt: die Gaumengenüsse müssen einfach heimisch sein! Wie früher in Mecklenburg-Vorpommern. Das passt zum Trend unserer Zeit. Vieles strebt zum Einfachen, und so liegen wir mit der Küche Mecklenburg-Vorpommerns von damals jetzt genau richtig.

Es mag sein, dass der eine oder andere Leser eines der vorliegenden Rezepte auch in einer anderen Version kennt. Rezepte sind wie Sagen, die weiter erzählt werden und immer mal wieder eine Veränderung erfahren.

Für dieses Buch habe ich die landestypischen Rezepte für unsere Zeit modernisiert und verfeinert. Sie sind nachkochbar – und für jeden Geschmack ist etwas dabei.

Guten Appetit wünscht Ihnen

Karin Iden

Wenn nicht anders angegeben, gelten die Zutaten in jedem Rezept für 4 Portionen.

SUPPEN & EINTÖPFE – Bäuerlich & fein

»Die Suppe«, erkannte schon vor 160 Jahren der Gastrosoph Brillat-Savarin, »ist eine gesunde, leichte, nahrhafte und allgemein bekömmliche Nahrung. Sie erfreut den Magen und macht ihn zur Aufnahme und Verdauung bereit.« Die Definition hat von ihrer Gültigkeit nichts verloren – doch fügen wir hinzu: Mit der modernen Küchentechnik kann man auch die seit alters her schweren und deftigen Eintöpfe sowie die sahnigen Cremesuppen der klassischen Küche leichter, feiner, verträglicher und wohlschmeckender machen.

Eintöpfe gehören zu den ältesten Gerichten der Kochkunst. Sie haben eine Veränderung erst vor 80 bis 100 Jahren erfahren, als nicht mehr am Kamin oder auf dem großen Holzherd gekocht wurde, sondern im städtischen Haushalt Gas und Elektrizität Einzug hielten.

Zu allen Zeiten enthielt der Eintopf das, was eine Landschaft zu bieten hatte: Geflügel, Hammel- und Schweinefleisch, Wild, Wurzeln, Erbsen, Waldpilze und natürlich Fische aller Art aus Meer und Seen. Schon Fritz Reuter schwärmte für Hammelfleisch Möckelburger Art. Am liebsten mochte er das Schöpsenfleisch, wie er dieses Gericht nannte, wenn es ihm seine Schwester Lisette kochte.

Aber auch die fruchtigen Suppen werden nirgends besser zubereitet als hier, so die erfrischende Fleederbeersupp mit Schneeklößchen oder auch nur mit Zwieback zum Eintunken. Ins Schwärmen gerät man, wenn die Schellfischsuppe aus Zingst auf den Tisch kommt.

Und dazwischen tummeln sich dann auch ganz piekfeine Suppen, wie die Austernsuppe. In der guten alten Zeit wurden sie meistens in Herrenhäusern aufgetischt, wenn man zum »Löffel Suppe« einlud. Heute kann sie jedermann, der Appetit darauf hat, nach Rezeptüberlieferungen kochen.

Aus einfachen Zutaten wie Gemüse, Fisch, Krustentieren, Fleisch, Wild und Geflügel wurden vorzügliche heimische Gerichte bereitet, unter anderem auch köstliche, aparte und pikant gewürzte Bier- und Weinsuppen. Und nicht zu verachten die Milchsuppe, aus Voll- oder Buddermelk mit den entsprechenden Einlagen und immer mit dem kleinen süßlichen Touch. So entstanden aus einfachen Produkten interessante Variationen.

Hammelfleisch Meckelbörger Art

500 g mageres Hammel-
fleisch, ohne Knochen
aus der Keule
1 ¼ l Wasser
Salz
3 Zwiebeln
2 Möhren

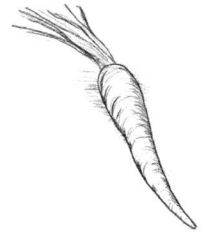

frisch gemahlener weißer
Pfeffer
1 Lorbeerblatt
1 Messerspitze gemahlener
Kümmel
1 Päckchen tiefgefrorenes
Suppengrün
1 kg Weißkohl
100 g durchwachsener Speck,
in dünne Scheiben
geschnitten
1 TL Kümmel
½ TL frisch gemahlener
schwarzer Pfeffer
1 Bund Petersilie

• Das Hammelfleisch mit Wasser und Salz aufkochen und abschäumen. Die Zwiebeln schälen und vierteln. Möhren putzen, waschen und grob schneiden. Eine Zwiebel, die Gewürze und das Suppengrün zufügen. Zugedeckt bei mittlerer Hitze 30 Minuten kochen.

• Inzwischen Kohlviertel mit reichlich kochendem Salzwasser etwa 5 Minuten übergießen, dann mit eiskaltem Wasser abschrecken, danach gut abtropfen lassen. Den Kohl in grobe Stücke schneiden. Speckscheiben vierteln.

• Das Hammelfleisch aus der Brühe nehmen, die Brühe durchseihen. Das Fleisch in mundgerechte Stücke schneiden. Den Boden eines Topfes mit Speck auslegen. Abwechselnd Fleisch, Kohlstücke, restliche Zwiebelviertel, Möhren, übrigen Speck und Gewürze einschichten. Mit der Fleischbrühe auffüllen und zugedeckt bei mittlerer Hitze 30 Minuten garen. Mit gehackter Petersilie bestreut anrichten.

TIPP: Da heute so gut wie kein Hammelfleisch mehr angeboten wird, lässt sich dieses Gericht auch mit Lammfleisch aus der Keule, ohne Knochen, zubereiten.

»Heute kocht meine Schwester Lisette Schöpsenfleisch«. Damit meinte Fritz Reuter Hammelfleisch und Weißkohl. Die Aussage stammt aus seinem Brief vom 11. August 1837, den der inhaftierte Schriftsteller aus der Festung Dömitz an seinen Vater schrieb. Sie bezieht sich auf ein Gespräch, das er mit seinen Mitgefangenen darüber führte, was die Tage des mittleren August für die einzelnen Elternhäuser an wesentlichen Ereignissen mit sich brächten. Auch ein Jahr später erwähnt Fritz Reuter dieses Gericht wieder in einem Brief an seine beiden Schwestern – ein Hinweis darauf, wie beliebt die Suppe in der Familie gewesen sein muss. Und mit Sicherheit war das Essen auf der Festung nicht so schmackhaft!

Wrukeneintopf mit gepökelter Gänsekeule

• Die Wruke schälen und in fingerdicke Streifen schneiden. In kochendes Wasser geben, kurz ziehen lassen, herausnehmen und gut abtropfen lassen.

• Das Gänseschmalz erhitzen und die halbierten Gänsekeulen darin rundherum anbraten. Die geschälten, halbierten Zwiebeln zufügen und kurz mitbraten. Das Mehl darüberstreuen, anschwitzen und mit Brühe auffüllen und zugedeckt etwa 35 Minuten garen.

• Kartoffeln schälen und würfeln, mit den Steckrübenstreifen unterheben und zugedeckt weitere 30 Minuten kochen. Mit Salz und Pfeffer abschmecken und mit gehackter Petersilie bestreuen.

Norddeutsche Ananas heißt die Steckrübe scherzhaft. In Mecklenburg-Vorpommern nennt man sie Wruke. In anderen Gegenden ist sie als Kohl-, Boden- oder Schmalzrübe bekannt. Diese über dem Boden wachsende Knolle kann hoch und rund, oval oder spitz zulaufend sein. Sie erreicht zuweilen Kopfgröße, wird bis zu 1,5 kg schwer und hat einen leicht erdigen, strengen Geschmack. Wer ihn nicht mag, gibt einen Spritzer Essig oder Zitronensaft ins Kochwasser. Dann wird das Gemüse etwas milder im Geschmack. Kohlrüben haben durch Kriegs- und Nachkriegszeiten bei den meisten Menschen einen schlechten Ruf. Jetzt besinnt man sich wieder auf die einheimischen Produkte und hat auch Gefallen an dieser Gemüserübe mit dem gelblichen Fleisch und dem pikanten Geschmack gefunden. Mit durchwachsenem Fleisch gekocht, ist sie typisch für die mecklenburgisch-vorpommersche Küche.

1 Wruke (Steckrübe) von etwa 700 g
50 g Gänseschmalz
2 Gänsekeulen (400 – 500g), vom Geflügelhändler pökeln und jeweils in etwa zwei Stücke teilen lassen
2 Zwiebeln

1 EL Mehl
¾ l Fleischbrühe
300 g Kartoffeln
Salz
frisch gemahlener weißer Pfeffer
½ Bund glatte Petersilie, gehackt

Kohlgrütt von Gräunkohl
(Grünkohleintopf)

500 g Kasselernacken
oder -kamm
1 kleines Stück Lorbeerblatt
1 ¼ l Wasser
750 g Grünkohl
1 Zwiebel
40 g Schweineschmalz
1 kräftige Prise geriebene
Muskatnuss
1 EL Zucker
125 g Hafergrütze
oder Haferflocken
2 – 3 Lungenwürste

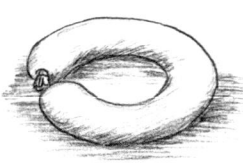

• Das Fleisch mit dem Lorbeerblatt in Wasser aufkochen. Zugedeckt bei mittlerer Hitze 90 Minuten kochen. Den Grünkohl von den groben Rippen abstreifen, gründlich waschen und 5 Minuten in kochendem Salzwasser blanchieren, dann herausnehmen, in kaltem Wasser abschrecken, abtropfen lassen und fein hacken.

• Das Fleisch aus der Brühe nehmen, die Brühe durchseihen, das Fleisch warm stellen. Die Zwiebel schälen, würfeln und in heißem Schmalz glasig dünsten. Den Grünkohl dazugeben, mit Muskat und Zucker würzen. Mit der Fleischbrühe auffüllen und 25 Minuten kochen. 10 Minuten vor Ende der Garzeit die Grütze oder Haferflocken einstreuen und die Würste einlegen. Das gepökelte Fleisch und die Wurst in mundgerechte Stücke schneiden, in die Suppe geben und alles abschmecken.

INFO: Lungenwürste (sie sind durch keine andere Wurst ersetzbar!) werden aus Lunge und Schweinemett sowie Gewürzen hergestellt. Hin und wieder findet man diese Würst zur Grünkohlzeit in der Frischtheke oder tiefgefroren im Supermarkt.

TIPP: Grünkohl schmeckt erst nach dem ersten Frost, wenn sich sein herb-süßes Aroma durch die Umwandlung der im Kohl enthaltenen Stärke in Zucker entwickelt hat. Grünkohl war früher in vielen Haushalten als »Wiehnachtskohl« ein beliebtes Weihnachtsessen.

Dicke Bohnen mit Schweinebacke

• Die Schweinebacke mit Wasser bedeckt 60 Minuten zugedeckt garen. Die Bohnenkerne enthülsen und mit der Gemüsebrühe und 3 Stielen Bohnenkraut in einen Topf geben. Zugedeckt bei kleiner Hitze etwa 25 Minuten garen.
• Die Butter erhitzen, das Mehl einrühren und goldgelb anschwitzen. Milch mit der Kochbrühe der Bohnen zu ½ Liter auffüllen. Diese Flüssigkeit in die Mehlschwitze einrühren. 5 Minuten kochen. Mit Salz und Pfeffer würzen. Bohnenkrautstiele entfernen. Die Bohnen mit der Soße mischen und abschmecken.
• Die Schweinebacke aus der Brühe nehmen, in Scheiben schneiden und auf einer Platte anrichten. Die Bohnen in einer Schüssel servieren und mit restlichen Bohnenkrautblättchen und Petersilie bestreut anrichten.

750 g geräucherte
Schweinebacke
½ l Wasser
2 kg dicke Bohnen
¼ l Gemüsebrühe
5 Stiele frisches
Bohnenkraut
40 g Butter
40 g Mehl
¼ l Milch
Salz
weißer Pfeffer
1 Bund Petersilie, gehackt

Wurzelfleisch

• Das Gemüse putzen und waschen. Möhren in Stifte, Sellerieknolle, Wruken und Petersilienwurzel in Stücke, die geschälten Zwiebeln in Ringe schneiden. Die Brühe aufkochen und die Gewürze zufügen. Fleischscheiben hineinlegen. Zugedeckt bei kleiner Hitze etwa 90 Minuten köcheln lassen. 15 Minuten vor Ende der Garzeit Gemüse und Majoranblättchen zugeben. In einer flachen Schüssel anrichten.

»Das Charakteristische in seiner Küche [der des Meckelnburgers und Vorpommern] ist nicht das Leckere und Zarte, sondern das Schwere und Massenhafte …« So schrieb der Kunsthistoriker Ludwig Fromm 1860.

750 g Möhren
1 kleine Sellerieknolle
(120 g)
500 g Wruken (Steckrüben)
1 Petersilienwurzel
4 mittelgroße Zwiebeln
1 ½ l Fleischbrühe
1 TL weiße Pfefferkörner
2 Lorbeerblätter
4 Wacholderbeeren
750 g magerer Schweinebauch, in fingerdicke
Scheiben geschnitten
1 Bund frischer Majoran

Rote Rübensuppe

1 Bund Suppengrün
500 g Rindfleisch
(z. B. Tafelspitz)
Salz
5 weiße Pfefferkörner
1 Lorbeerblatt
1 Zwiebel
1 ½ l Wasser
500 g rote Rüben
(rote Bete)
250 g Kartoffeln
1 Möhre
30 g Margarine
Blätter von 7 Majoranstielen
Salz
frisch gemahlener weißer
Pfeffer
2 – 3 El Essig
¼ l saure Sahne oder
Schmant
½ Bund glatte Petersilie,
gehackt

• Das Suppengrün putzen, waschen und zerkleinern. Das Fleisch waschen. Beides mit Salz, Pfefferkörnern, Lorbeerblatt und ungeschälter, geviertelter Zwiebel in Wasser aufsetzen und zugedeckt 90 Minuten kochen.

• Rote Rüben, Kartoffeln und Möhre gründlich waschen, schälen und in Stifte schneiden. Die Margarine erhitzen, das Gemüse darin andünsten, die abgeseihte Brühe zugießen, Majoranblätter von 4 Stielen zufügen und 25 Minuten bei mittlerer Hitze garen.

• Das Fleisch klein schneiden und dazugeben. Die Suppe mit Salz, Pfeffer und Essig würzen. Mit Sahne verfeinern und mit grob gehackten Petersilienblättern und restliche Majoranblättchen anrichten.

👒 **TIPP:** Wer mag, kann die Suppe auch pürieren. Einige Streifen roter Rüben zum Garnieren aufheben.

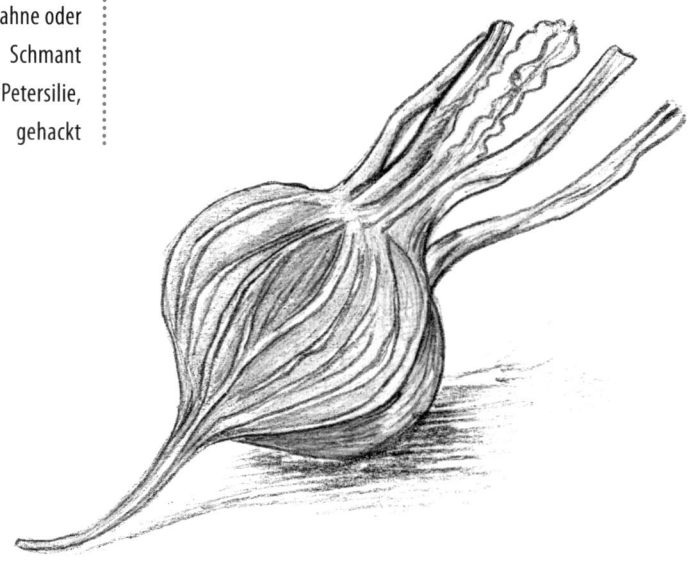

Petersilienwurzelsuppe

• Das Gemüse putzen, waschen und klein schneiden. Die Zwiebeln schälen und und fein würfeln. Butter in einem Topf erhitzen und die Gemüsestücke und Zwiebelwürfel darin unter Wenden andünsten. Mit Salz, Pfeffer sowie Zucker würzen und mit der Brühe auffüllen. Zugedeckt bei mittlerer Hitze 15 Minuten köcheln. Dann mit dem Pürierstab zerkleinern. Abschmecken und mit gehackter Petersilie verrühren. Sofort anrichten.

☺ **TIPP:** Drei in Würfel geschnittene Grau- oder Weißbrotscheiben, in Butterschmalz goldgelb gebraten, darüberstreuen.

400 g Petersilienwurzeln
150 g Möhren
300 g Kartoffeln
2 Zwiebeln
2 EL Butter
Salz
frisch gemahlener weißer Pfeffer
1 Prise Zucker
1 ¼ l Fleischbrühe
1 Bund glatte Petersilie, gehackt

Rübchensuppe

• Gänse-, Enten- oder Hühnerklein gründlich waschen, in gesalzenem Wasser aufsetzen, aufkochen und abschäumen. Suppengrün putzen, waschen und kleinschneiden. Zwiebel abziehen und vierteln. Suppengrün, Zwiebel und Gewürze zum Gänse-, Enten- oder Hühnerklein geben. Zugedeckt bei kleiner Hitze 60 Minuten köcheln lassen.
• Die Suppe durch ein Sieb geben und 1 ¼ Liter Brühe abmessen. Das Fleisch von den Knochen lösen. Wer die Haut mag, lässt sich dran, dann das Fleisch klein schneiden.
• Die Mai- oder Teltower Rübchen putzen, vierteln, die kleinen Rübchen ganz lassen. Butterschmalz und Zucker in einem Topf erhitzen, bis der Zucker geschmolzen ist und eine bräunliche Farbe angenommen hat. Die Rübchen hinzufügen, mit Mehl bestäuben und im Topf schwenken. Mit der heißen Brühe ablöschen. Etwa 10 Minuten zugedeckt kochen lassen.
• Das Fleisch zugeben, mit Salz und Pfeffer würzen. Zum Servieren mit fein gehacktem Kerbel bestreuen.

Die faustgroßen Mairüben gibt es von Ende Mai bis August zu kaufen. Zwar bekommt man sie nicht gerade im Laden um die Ecke, aber eine

1 kg Gänse-, Enten- oder Hühnerklein (Magen, Herz, Hals und Vorderflügel)
Salz
1 ½ l Wasser
1 Bund Suppengrün
1 kleine Zwiebel
1 Lorbeerblatt
3 weiße Pfefferkörner
4 Gewürzkörner
500 g Mai- oder Teltower Rübchen
50 g Butterschmalz
2 TL Zucker
3 EL Mehl (60 g)
frisch gemahlener weißer Pfeffer
30 g Kerbel, gezupft

Nachfrage bringt meist Erfolg. In Ermangelung der Mairübchen kön-
nen auch Teltower Rübchen verwendet werden. Auch diese sind eine
Rarität – und Delikatesse zugleich. Sie werden in der Mark Branden-
burg, südlich von Berlin, um Teltow herum, angebaut. Es sind kleine,
oben abgeplattete Rüben mit süßlich-erdigem Geschmack. Schon Goe-
the mochte sie. Er ließ sie mit der Schnellpost nach Weimar bringen.

Kartoffelsuppe mit Speck und Pflaumen

250 g Backpflaumen mit
Stein oder
200 g Kurpflaumen ohne
Stein
¼ l Wasser zum Einweichen
750 g Kartoffeln, mehlig-
kochende Sorte

1 Bund Suppengrün
1 Zwiebel
1 EL Butterschmalz
1 ½ l heiße Fleischbrühe
500 g durchwachsener
Speck
Salz
frisch gemahlener weißer
Pfeffer
1 Bund Petersilie

• Die Back- oder Kurpflaumen abspülen und in lauwarmem
Wasser einweichen. Die Kartoffeln und das Suppengrün schälen, waschen und grob würfeln. Die Zwiebel schälen und achteln.
• Butterschmalz in einem großen Topf erhitzen. Suppengrün-
und Kartoffelwürfel und Zwiebelachtel hineingeben, unter
Wenden anbraten und mit Fleischbrühe ablöschen. Den Speck
zufügen und 35 Minuten zugedeckt bei kleiner Hitze kochen.
• Den Speck herausnehmen und würfeln. Die Suppe pürieren,
mit Salz und Pfeffer abschmecken. Speck und Pflaumen mit
der Flüssigkeit (nach Geschmack) zufügen. Noch einmal 10 Minuten kochen. Mit gehackter Petersilie bestreut servieren.

Die Liebe zu den Pflaumen (Plummen) ist in Mecklenburg sehr groß.
Überall kommen sie hinein: in süße und in salzige Gerichte. Früher wurde
reichlich viel Fett gegessen; die Pflaume trägt durch ihre Säure zu einer
besseren Bekömmlichkeit bei und sorgt für gute Verdauung.

Herzschlagsuppe

• Die Innereien und das Kalbfleisch abspülen. Mit kaltem Salzwasser aufsetzen, aufkochen und abschäumen. Suppengrün und halbierte Zwiebeln zufügen. Zugedeckt bei mittlerer Hitze etwa 60 Minuten garen.

• Kartoffeln in der Schale mit Wasser und Salz zugedeckt 20 Minuten garen. Möhre und Porree putzen, waschen und klein schneiden. Mit den Perlgraupen in gesalzenem Wasser separat 10 Minuten garen.

• Das Fleisch aus der Suppe nehmen, Fett und Sehnen entfernen. Das Fleisch in etwa 2 Zentimeter große Würfel schneiden und warm stellen.

• Die Brühe durchseihen, die Graupen und das Gemüse hineingeben. Noch einmal kurz durchkochen. Die Kartoffeln schälen und würfeln, zusammen mit dem Fleisch zu den Graupen geben.

• Die kleine Kartoffel schälen, sehr fein in die Suppe reiben und noch einmal 10 Minuten köcheln lassen. Mit Salz und Pfeffer abschmecken. Zum Servieren mit gehackter Petersilie bestreuen.

Nichts ließ man früher umkommen. Alles wurde verwendet, wenn Schlachttag war, auch die Innereien. Heute müssen diese Fleischzutaten für die Suppe beim Schlachter vorbestellt werden.

für 6–8 Portionen
1 küchenfertiges Kalbsherz
(etwa 450 g)
400 g Kalbslunge
300 g Kalbfleisch
(z. B. aus der Keule)
1 ½ l Wasser
Salz
1 Päckchen tiefgefrorenes
Suppengrün
2 Zwiebeln
500 g Kartoffeln
1 Möhre
1 Stange Porree (150 g)
100 g Perlgraupen
$^3/_8$ l Wasser
1 kleine Kartoffel
weißer Pfeffer
1 Bund Petersilie, gehackt

Häuhnersupp (Hühnersuppe)

für 6 Portionen
1 küchenfertiges
Suppenhuhn (1,7 kg)
2 ½ l Wasser
1 Lorbeerblatt
8 zerdrückte, weiße
Pfefferkörner
Salz
2 mittelgroße Möhren

150 g Sellerieknolle
1 Petersilienwurzel
(evtl. mit Grün)
1 mittelgroße Stange Porree
weißer Pfeffer
½ Bund Petersilie, gehackt

**Für die Schwemm-
klößchen:**
¼ l Milch
Salz
25 g Butter
125 g Mehl
2 Eier
1 Prise geriebene
Muskatnuss

• Das Suppenhuhn abspülen und blanchieren, d.h. in einem großen Topf und mit warmem Wasser bedeckt aufkochen. Das Wasser weggießen, Huhn mit 2 ½ Litern Wasser und Salz aufsetzen, aufkochen und abschäumen. Danach Gewürze zufügen. Die Hitze reduzieren und
• 2 – 2 ½ Stunden (je nach Alter des Huhnes) zugedeckt köcheln.
• Inzwischen Möhren, Sellerie und Petersilienwurzel schälen und grob schneiden, Porree putzen und vierteln. Möhren, Petersilienwurzel (eventuell mit dem Grün) und Sellerie 30 und Porree 15 Minuten vor Ende der Garzeit zum Huhn geben.
• Für die Schwemmklößchen Milch, Salz und Butter erhitzen. Mehl auf einmal hineinschütten und so lange rühren, bis sich der Teig kloßartig vom Topfboden löst. Den Kochtopf von der Kochstelle nehmen, in die heiße Masse nacheinander Eier und Muskatnuss rühren und abschmecken. Mit zwei angefeuchteten Teelöffeln von der Masse kleine Nocken abstechen, in siedendes Salzwasser geben und darin 10 Minuten ziehen lassen.
• Die Nocken mit einer Schaumkelle aus dem Wasser nehmen, gut abtropfen lassen und warm stellen. Das Huhn aus der Brühe nehmen. Das Hühnerfleisch von Haut und Knochen lösen, das Fleisch in mundgerechte Stücke teilen. Die Brühe mit Salz und Pfeffer würzen. Geflügelfleisch, Schwemmklößchen und Petersilie in die Brühe geben.

Klare Pilzsuppe

• Ochsenbein und Knochen waschen und in kaltem Wasser aufsetzen und bei kleiner Hitze aufkochen. Das Suppengrün putzen, waschen und grob schneiden. Mit Gewürzen, Fleischextrakt und getrockneten Pilzen zum Fleisch geben, mit halb bedecktem Deckel 90 Minuten köcheln lassen. Fleisch und Pilze herausnehmen und anderweitig verwenden. Die Brühe durch ein feines Sieb in einen anderen Topf geben und sanft erhitzen.
• Champignons putzen, trocken abtupfen, in Scheiben schneiden, in die Brühe geben und
• 5 Minuten ziehen lassen. Die Suppe abschmecken, in vorgewärmte Suppentassen geben und mit den Kerbelblättchen bestreut anrichten.

☞ **TIPP:** Wird der Topf nur halb mit dem Deckel bedeckt, bleibt die Brühe klar.

500 g Ochsenbein
2 Markknochen
1 Roastbeefknochen
1 ½ l Wasser
1 Bund Suppengrün
2 Lorbeerblätter
1 EL schwarze Pfefferkörner
1 EL Fleischextrakt
10 g getrocknete Steinpilze
300 g Champignons
1 Bund Kerbel, gezupft

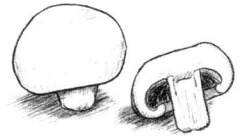

Krebsförder Suppe

• Die Schalotten schälen und fein hacken. Die Salatgurke waschen, schälen und würfeln. Die Salatherzen abbrausen, trockenschwenken und streifig schneiden. Die Erbsen antauen lassen. Die Kräuter abbrausen, trockentupfen. Von allen Kräutern 1–2 Stiele beiseitelegen. Von restlichen Petersilien- und Pimpernellestielen die Blättchen abzupfen und fein hacken. Kerbel grob schneiden.
• Die Butter in einem Topf zerlassen, die Schalottenwürfel darin glasig dünsten. Gurkenwürfel zufügen. Die Hälfte der gehackten Kräuter, zwei Drittel der Erbsen und die Hälfte der Salatherzen zugeben. Noch einmal unter Wenden 5 Minuten dünsten. Mit Salz, Pfeffer und Ingwer würzen. Mehl darüberstäuben. Mit der Brühe auffüllen und bei kleiner Hitze 5–8 Minuten köcheln. Mit dem Pürierstab zerkleinern. Die restlichen Erbsen und Salatherzenstreifen in die Suppe geben, noch 5 Minuten ziehen lassen.

für 6 Portionen
5 Schalotten
1 Salatgurke (300 g)
5 – 6 Salatherzen
1 Päckchen tiefgefrorene Erbsen (300 g)
1 Bund Petersilie
3 Stiele Pimpernelle
30 g Kerbel
40 g Butter
30 g Mehl
Salz
frisch gemahlener weißer Pfeffer
1 Prise Ingwerpulver

1 ¼ l Fleischbrühe
1 Eigelb
4 EL Crème fraîche oder
Schmant

• Eigelb, etwas heiße Suppe und Crème fraîche oder Schmant verquirlen und in die Suppe rühren. Nicht mehr kochen. Von den beiseitegelegten Kräutern die Blättchen abzupfen und hacken.
• Zum Servieren die Suppe in die vorgewärmten Teller geben und mit den Kräutern bestreuen.
Beilage: Geröstete Weißbrotscheiben, diagonal halbiert.

Weiße Bohnencremesuppe

250 g getrocknete,
ungeschälte, weiße Bohnen
2 Möhren
1 Stange Porree
1 Knoblauchzehe
20 g Butter
2 l Brühe
150 g durchwachsener
Speck
Salz
frisch gemahlener weißer
Pfeffer
100 g Weißbrotwürfel
Butterschmalz zum Braten

• Die weißen Bohnen am Vorabend in 1 Liter kaltem Wasser einweichen. Am nächsten Tag Möhren und Porree putzen, waschen und klein schneiden.
• Die Butter in einem Topf erhitzen, Möhren und Porree darin andünsten, die geschälte Knoblauchzehe und die gut abgetropften weißen Bohnen dazugeben. Mit der Brühe auffüllen und etwa 2 Stunden bei mittlerer Hitze kochen. Anschließend die Suppe pürieren.
• Den Speck in kleine Würfel schneiden, bei kleiner Hitze goldgelb braten und in die Suppe geben. Mit Salz und Pfeffer abschmecken. Das Weißbrot würfeln und in heißem Butterschmalz unter Wenden goldgelb rösten. Zum Servieren auf der Suppe anrichten.

🍲 **TIPP:** Wer mag, kann die Suppe im Mai oder Juni mit Bärlauchblättern bestreut servieren. Schneller geht's mit weißen Bohnen aus einer kleinen Dose. Die schmecken sehr gut und verkürzen die Garzeit um eineinhalb Stunden.

Körbsensuppe (Kürbissuppe)

• Den Kürbis schälen, das Innere auskratzen und die Kerne entfernen. Das Kürbisfleisch in 2 Zentimeter große Stücke schneiden. Mit Wasser, Salz, Zitronenschale und Zimt aufsetzen und zugedeckt 15 Minuten kochen. Zitronenschale und Zimtstange entfernen.
• Alles im Mixaufsatz oder mit dem Pürierstab zerkleinern. Speisestärke mit wenig Wasser verquirlen, in die Suppe rühren und noch einmal aufkochen. Mit Fruchtsaft, Salz und Zucker abschmecken.

☕ **TIPP:** Kleine, in Butterschmalz kross gebratene Weißbrotwürfelchen auf die Suppe streuen.
Ein Hokkaidokürbis braucht nicht geschält zu werden.

600 g Kürbis
1 l Wasser
1 Prise Salz
abgeschälte Schale von
1 Bio-Zitrone
1 kleines Stück Zimtstange

20 g Speisestärke
3 EL Erdbeer- oder Apfelsaft
1 Prise Salz
Zucker zum Abschmecken

Krebssuppe

• Wasser mit Salz in einem großen Topf aufkochen. 1 Bund Dill und Dilldolde abbrausen und in den Topf geben. Die Krebse unter kaltem Wasser abspülen, evtl. abbürsten und portionsweise kopfüber ins kochende Wasser geben. Zugedeckt 15 Minuten ziehen lassen.
• Die Krebse mit einem Schaumlöffel herausnehmen und abkühlen lassen. Die Scheren im Gelenk abbrechen, mit einer Küchenschere aufschneiden oder mit einem Krebsmesser aufbrechen. Die Chitinstreifen entfernen. Das Fleisch herauslösen. Die Schwänze vom Kopf abdrehen, ebenfalls das Fleisch herauslösen und in kleine Stücke schneiden. Mit dem Scherenfleisch und etwas warmem Krebs-Kochsud beiseitestellen. Krebsschalen mit heißem Wasser abspülen und gut abtrocknen. Die Schalen in einem Mörser fein zerstoßen.
• Die Butter in einem Topf zerlassen und die zerstoßenen Krebsschalen darin so lange mit der Butter verrühren, bis die Butter rötlich wird. Etwas Krebsbutter zufügen. Mehl einrühren und unter ständigem Rühren anschwitzen. Mit 1 Liter durchgeseih-

3 l Wasser
Salz
2 Bund Dill
evtl. 1 – 2 Dilldolden
12 lebende Krebse (je 30 g)

30 g Butter
20 g Krebsbutter (Fertigprodukt)
30 g Mehl
1 Messerspitze Fleischextrakt
1 Prise Zucker
Saft von ½ Zitrone
4 EL Schlagsahne

tem Krebs-Kochsud auffüllen. Fleischextrakt zugeben, 5 Minuten kochen. Mit Salz, Pfeffer, Zucker und Zitronensaft abschmecken. Die Sahne einrühren und das Krebsfleisch zufügen. In vorgewärmte Suppentassen geben. Mit Dillästen garniert servieren.

Austernsuppe

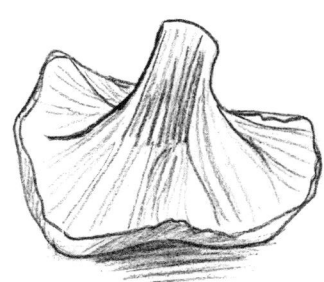

12 Austern
12 kleine Austernpilze
½ Flasche Champagner
½ l Schlagsahne
30 g Butter
¼ l Kalbsfond (Glas)
1 Eigelb
125 ml trockener Weißwein
50 g Butter, geklärt oder
Butterschmalz
Salz
weißer Pfeffer
1 Prise Zucker
ein Hauch geriebene
Muskatnuss

• Die Austern öffnen. Die Pilze putzen, waschen und in kleine Streifen schneiden. Die Austernflüssigkeit auffangen und mit dem Champagner in einen Topf geben.
• Bei milder Hitze auf ¼ reduzieren. Schlagsahne zugeben und leicht köcheln lassen.
• Butter erhitzen, die Pilze darin andünsten. Mit etwas Kalbsfond begießen und etwa 10 Minuten leicht köcheln lassen. In die Suppe geben. Eigelb, Weißwein und Butter oder Butterschmalz im Wasserbad dickcremig schlagen und unter die Suppe geben. Mit Salz, Pfeffer, Zucker und Muskatnuss abschmecken.
• Zum Anrichten jeweils 3 Austern in einen tiefen Teller geben und die Suppe darüber gießen.

🍲 **TIPP:** Zum Klären die Butter in einem Töpfchen erhitzen, bis das Wasser verdampft (100 Grad). Dann die hellen Eiweißflocken, die als Schaum obenauf schwimmen, entfernen.

Schellfischsuppe aus Zingst

• Für den Fischsud die Fischkleinteile waschen, abtropfen lassen und mit Wasser bedeckt, den Gewürzen sowie der ungeschälten, halbierten Zwiebel aufsetzen und aufkochen. Bei kleiner Hitze etwa 30 Minuten garen. Den Fischfond durch ein Sieb in einen Topf gießen und abschmecken.

• Den Fisch säubern, mit Zitronensaft beträufeln, salzen und ziehen lassen. Das Gemüse putzen und waschen. Die Zwiebel abziehen und würfeln, Sellerieknolle und Möhre in Stifte und Porree in dünne Ringe schneiden.

• Den Fisch in den heißen Fischfond geben und darin zugedeckt 10 –12 Minuten ziehen lassen. Herausheben, häuten, entgräten und in großzügige Teile zerpflücken. Mit etwas Fischfond bedeckt warm stellen.

• Die Butter in einem Topf zerlassen. Zucker und Mehl zugeben und darin karamelisieren lassen. Das vorbereitete Gemüse zufügen, mit 1 ½ Liter durchgeseihtem Fischfond auffüllen. Die Erbsen hineingeben und 3 Minuten köcheln. Die beiseitegestellten Fischstücke mit Fischfond zufügen und in der Suppe erwärmen. Zum Servieren mit gehackter Petersilie anrichten.

 TIPP: Wer mag, kann 250 g Kartoffeln gemeinsam mit dem Gemüse in der Brühe garen.

Für den Sud:
einige Fischkleinteile,
z.B. Flossen, Schwanz, Gräten,
Bauchlappen
1 ½ – 2 l Wasser
Salz
weiße Pfefferkörner
1 Lorbeerblatt
1 Zwiebel

Für die Suppe:
1 Schellfisch (1 kg)
Zitronensaft

Salz
1 Zwiebel
150 g Sellerieknolle
1 Möhre
1 Stange Porree (180 g)
1 kleines Lorbeerblatt
30 g Butter
1 TL Zucker
40 g Mehl
150 g tiefgefrorene Erbsen
Salz
frisch gemahlener weißer
Pfeffer
½ Bund Petersilie, gehackt

Warnemünder Fischeintopf

500 g Fischfilet (Kabeljau, Schellfisch, Lengfisch)
etwas Zitronensaft
3 Möhren (250 g)
1 Kohlrabi (200 g)
125 g grüne Bohnen (Brechbohnen)
125 g tiefgefrorene Erbsen
1 Zwiebel
2 EL Margarine
Salz
frisch gemahlener weißer Pfeffer
1 ¼ l Fleischbrühe
Blättchen von 3 Majoranstielen
1 Prise Zucker

• Das Fischfilet säubern, mit Zitronensaft beträufeln und mit Salz bestreuen. Zugedeckt ruhen lassen. Das Gemüse putzen und waschen. Möhren und Kohlrabi schälen und in Stifte schneiden. Grüne Bohnen halbieren. Erbsen antauen lassen, Zwiebel schälen, fein hacken.

• Margarine in einem Topf erhitzen und die Zwiebelwürfel darin andünsten. Möhren- und Kohlrabistreifen sowie Bohnen zufügen und unter Wenden 8 Minuten dünsten. Mit Salz und Pfeffer würzen. Mit der Brühe auffüllen, einige Majoranblättchen einlegen. Zugedeckt bei kleiner Hitze etwa 15 Minuten köcheln lassen.

• Das Fischfilet in grobe Würfel schneiden, mit den Erbsen zum Gemüse geben. Zugedeckt noch etwa 5 Minuten ziehen lassen. Nochmals mit Salz, Pfeffer und Zucker abschmecken. Mit restlichen Majoranblättchen bestreuen.

TIPP: Nach Mecklenburger Art kommen in diese beiden Fischsuppen zusätzlich gewürfelte, gekochte Kartoffeln. Die Brühe wird mit einem Eigelb legiert.

Kliebensupp (Kliebensuppe)

Für die Einlage:
³/₈ l Wasser
100 g Mehl
2 kleine Eier (Gr. S)
je 1 Prise Salz und Zucker

Für die Suppe:
1 ½ l Milch
abgeriebene Schale von ½ Bio-Zitrone oder ein Stück Zimtstange
je 1 Prise Salz und Zucker

• Aus Wasser, Mehl, Eiern, Salz und Zucker einen Teig bereiten. Zugedeckt 20 Minuten ruhen lassen.

• Milch, Zitronenschale oder Zimtstange, Salz und Zucker aufkochen. Sobald die Flüssigkeit kocht, den Teig durch ein Lochsieb oder über einen Schneebesen, der ständig gedreht wird, in die Suppe laufen lassen. Bei kleiner Hitze weiterkochen, bis die Klieben obenauf schwimmen. Hin und wieder umrühren, damit die Klieben nicht aneinanderkleben.

• Zitronenschale oder Zimtstange entfernen. Die Suppe sehr heiß servieren. Nach Geschmack Zucker und Vanillezucker vermischt darüber streuen. Wer's gut meint, lässt einen Klacks Butter darin schmelzen.

Info: Ob man Klieben oder Klüten sagt, immer handelt es sich um kleine nudelartige Eierteigstückchen.

🍲 **TIPP:** Die Zutaten für die Einlage müssen sehr gut verrührt sein, sonst beißt man beim Essen immer auf ungekochten Mehlklüten herum.

Diese Suppe, in Pommern hieß sie Klackerkliebensuppe, war das Essen zum ersten Frühstück, so gegen 6 Uhr morgens. Um diese Zeit war schon ein gutes Stück Arbeit in Haus und Stall getan. Besonders im Winter hatte die Suppe eine wohltuende und kräftigende Wirkung. Zum 2. Frühstück gab es dann Roggenbrot mit Schmalz und Rübensirup. Am Abend wurde entweder ein Rest vom Morgen oder eine neue Kliebensuppe aufgetischt, anschließend reichte man Bratkartoffeln.

Nach Geschmack:
3 EL Zucker
1 Päckchen Vanillezucker
1 Klacks Butter

Milchsuppe mit Roggenklüten

• Die Vanillestange aufschneiden, das Mark herauskratzen. Milch, Salz, Zucker, Vanillestange und Vanillemark aufkochen. Vanillestange entfernen. Die Speisestärke mit etwas kalter Milch verquirlen und in die Suppe rühren.
• Für die Klößchen Eier, Salz, Mehl und etwas Wasser zu einem dickflüssigen Teig verrühren. Zugedeckt 10 Minuten quellen lassen. Dann mit zwei Teelöffeln kleine Nocken abstechen und in der Milchsuppe garziehen lassen. Vor dem Servieren die Butter in die Suppe rühren.

Auch diese Suppe wurde in Vorpommern morgens in der Frühe oder zum zweiten Frühstück gegessen. Nicht nur Klüten, sondern auch Reis, Nudeln oder Graupen waren beliebte Einlagen.

1 Vanillestange
1 ½ l Milch
1 Prise Salz
40 g Zucker
1 EL Speisestärke

Für die Klößchen:
2 Eier (Gr.M)
1 Prise Salz
6 EL Roggenmehl
60 g Butter

Melksupp mit Beern
(Milchsuppe mit Birnen)

Für die Birnen:
600 g noch nicht ganz reife
Birnen (z. B. Williams Christ)
$^1/_8$ – ¼ l Wasser
50 g Zucker
1 Päckchen Vanillinzucker
1 Messerspitze Nelkenpulver

Für die Suppe:
1 ¼ l Milch
50 g Butter
1 Prise Salz
2 – 3 Nelken
60 g Mehl
2 Eigelb (Gr. M)

• Die Birnen waschen, schälen und achteln, das Kerngehäuse entfernen. Die Birnenstücke in Wasser, Zucker, Vanillinzucker und Nelkenpulver 10–12 Minuten (je nach Festigkeit der Birnen) garen, aber nicht zu weich kochen und warm stellen.
• In einem Topf Milch, Butter, Salz und Nelken aufkochen. Das Mehl und die restliche Milch verrühren, in die kochende Milch gießen und 5 Minuten kochen lassen. Nelken entfernen.
• Die gedünsteten Birnen mit Flüssigkeit dazugeben, kurz durchziehen lassen. Eigelb mit etwas Suppe in einer Tasse verrühren und in die übrige Suppe rühren. Nicht mehr kochen lassen! Alles sofort heiß servieren.

☕ **TIPP:** Die Vollmilch kann durch Buttermilch ersetzt werden.

Meckelbörger Boddermelksupp
(Buttermilchsuppe)

1 ¼ l Buttermilch
1 Prise Salz
3 EL Mehl
2 Eigelb (Gr. M)
4 EL Puderzucker
1 Päckchen Vanillinzucker
4 El Schwarze
Johannisbeerkonfitüre

• Einen Liter Buttermilch und Salz aufkochen. Das Mehl mit dem restlichen Viertelliter verquirlen und die kochende Buttermilch damit binden. 5 Minuten unter ständigem Rühren leicht kochen und dann beiseitestellen.
• Eigelb, Puderzucker und Vanillinzucker cremig schlagen, mit etwas Buttermilchsuppe verquirlen. Dann in die übrige Suppe rühren. Die Johannisbeerkonfitüre unterheben.

Variante: 200 Gramm Kurpflaumen mit Wasser bedeckt 20 Minuten quellen lassen, danach aufkochen und mit oder ohne Kochflüssigkeit in die Suppe geben. Dann bleibt die Konfitüre weg.

Buddermelksupp mit Tüfften
(Buttermilchsuppe mit Kartoffeln)

• Die Kartoffeln und die Zwiebel schälen und würfeln. Beides mit leicht gesalzenem Wasser bedeckt in einem Topf garen. Die Zwiebel herausnehmen, die Kartoffeln abgießen, trockendämpfen und warm stellen.
• Die Buttermilch in einem Topf erhitzen. Das Mehl mit wenig Wasser verrühren, dazugeben und 5 Minuten kochen. Die Kartoffelwürfelchen hinzufügen. Mit wenig Zitronensaft abschmecken. Die Zwiebel schälen und in feine Ringe schneiden. Speck ebenfalls fein würfeln und in einer Pfanne auslassen, und die Speckwürfel herausnehmen. Zwiebeln im Speckfett goldgelb braten, mit den Speckwürfeln in die Suppe geben. Mit gehackter Petersilie bestreut servieren.

🍲 **TIPP:** Püriert hat die Suppe einen samtig süß-sauren Geschmack .
Statt Petersilie schmeckt auch Koriandergrün.

300 g Kartoffeln, mehligkochende Sorte

1 Zwiebel
Wasser
Salz
1 ½ l Buttermilch
1 EL Mehl
etwas Zitronensaft
1 kleine Zwiebel
100 g durchwachsener Speck
½ Bund Petersilie, gehackt

Biersupp mit Stuten
(Biersuppe mit Brötchen)

• Rosinen mit etwas Bier aufquellen lassen. Restliches Bier in einem Topf aufkochen und abschäumen. Die Brühe zugießen. Die Brötchen in kleine Würfel schneiden. Butter in einem zweiten Topf zerlassen, die Brötchen darin unter Wenden andünsten, Mandeln und Zitronenschale zugeben. Mit der Bier-Brühemischung aufgießen, bei kleiner Hitze 10 Minuten kochen lassen. Mit dem Pürierstab zerkleinern. Die gequollenen Rosinen mit Flüssigkeit zufügen und mit Salz und Zucker abschmecken.

🍲 **TIPP:** Wer mag, kann gewürfelte Weißbrotwürfel in Butterschmalz goldgelb braten und auf der Suppe anrichten.

40 g Rosinen
1 l helles Bier
½ l Gemüsebrühe
20 g Butter
100 g altbackene Brötchen
20 g gehackte Mandeln
abgeriebene Schale von ½ Bio-Zitrone
Salz
Zucker nach Geschmack

Biersupp mit Swartbrot
(Biersuppe mit Schwarzbrot)

1 ¼ l helles Bier
80 – 100 g Schwarzbrot, altbacken
¼ TL gemahlener Kümmel
je 1 Prise Zimt, Ingwerpulver
Salz
abgeriebene Schale von ½ Bio-Zitrone
100 – 120 g Zucker
100 g gekochter Schinken
Butterschmalz zum Braten

• Das Bier in einem Topf aufkochen und abschäumen. Das Schwarzbrot klein schneiden und in die Flüssigkeit geben. Gewürze, abgeriebene Zitronenschale und Zucker zufügen. Bei kleiner Hitze 20 Minuten kochen. Anschließend alles mit dem Pürierstab zerkleinern. Nochmal abschmecken.
• Den Schinken in dünne Streifen schneiden und in heißem Butterschmalz unter Wenden nur leicht glasig braten. Zum Servieren die Suppe in vorgewärmte Teller geben. Die Schinkenstreifen auf der Suppe verteilen.

Pommersche Biersupp

½ l helles Bier
1 kleine Stange Zimt
abgeschälte Schale von ½ Bio-Zitrone
1 l Milch
1 ½ EL Mehl
80 g Zucker
1 Messerspitze Kardamom
1 Prise Salz
4 Eigelb
2 Scheiben Toastbrot

Bier, Zimt und Zitronenschale in einen Topf geben, langsam erwärmen und abschäumen. Mehl, Zucker und Milch verrühren und zugießen. 5 Minuten köcheln. Mit Kardamom und Salz würzen. Zimtstange und Zitronenschale entfernen. Eigelb mit etwas Suppe verquirlen, die Suppe damit binden und abschmecken. Nicht mehr kochen! Das Toastbrot würfeln, in Butterschmalz goldgelb rösten und zum Anrichten auf die Suppe streuen. Sofort servieren.

👒 TIPP: Zum Legieren von Suppen sollten immer ganz frische Eier verwendet werden.

Zitronensuppe mit Schneeklößchen

• Die gewaschenen Rosinen mit Wasser bedeckt 15 Minuten quellen lassen. Wasser und Zitronenschale aufkochen, die Schale herausnehmen. Rosinen, Zucker und Salz hinzugeben. Grieß einstreuen, unter Rühren 10 Minuten quellen lassen. Zitronensaft zugießen und mit Zucker abschmecken.
• Eigelb und 2 Esslöffel Wasser verrühren und mit etwas heißer Suppe verquirlen. In die nicht mehr kochende Suppe rühren. Die Suppe warm stellen.
• Für die Schneeklößchen das Eiweiß steif schlagen, Zucker einrieseln lassen, Zitronensaft unterrrühren. Mit zwei angefeuchteten Teelöffeln kleine Nocken abstechen und auf die heiße Suppe setzen. Zugedeckt 6–10 Minuten ziehen lassen.

☛ **TIPP:** Diese Schneeklößchen passen auch auf die verschiedenen Biersuppen.

30 g Rosinen
1 ½ l Wasser
abschälte Schale von
1 Bio-Zitrone
70 g Zucker
1 Prise Salz
60 g Grieß
$1/8$ l Zitronensaft
1 Prise Zucker
2 Eigelb
Für die Schneeklößchen:
2 Eiweiß
2 El feinster Zucker
einige Tropfen Zitronensaft

Fleederbeersupp

• Die Holunderbeeren abbrausen und abtropfen lassen, mit ½ Liter Wasser aufsetzen und 5 Minuten zugedeckt kochen. Durch ein Sieb streichen oder im Aufsatz der Küchenmaschine zerkleinern.
• Die Äpfel waschen, vierteln, Kerngehäuse entfernen, Apfelviertel in dünne Scheiben schneiden und mit restlichem Wasser, Zitronenschale und Salz 10 Minuten köcheln.
• Die Speisestärke mit wenig Wasser verquirlen und in die Flüssigkeit rühren. Einmal aufkochen. Holunderbrei unterrühren. Mit Zucker und Zitronensaft abschmecken. Die Suppe warm oder kalt anrichten.

☛ **TIPP:** Statt Wasser können Sie zum Dünsten der Äpfel auch Apfelsaft verwenden.
Wunderbar schmecken dazu Schneeklößchen, gekaufte Suppenmakrönchen oder – siehe nächstes Rezept – Grießklößchen.

200 g abgestreifte
Holunderbeeren
1 l Wasser
300 g Äpfel
(z. B. Ingrid Marie)
abgeriebene Schale von
1 Bio-Zitrone
1 Prise Salz
20 g Speisestärke
1 Prise Zucker
2–3 Tropfen Zitronensaft

Grießklößchen

1/8 l Wasser oder Milch
1 EL Butter
1 Prise Salz
1 TL Zucker
65 g grober Grieß
1 Ei (Gr. M)

• Flüssigkeit, Butter, Salz und Zucker erhitzen. Den Grieß einstreuen und so lange rühren, bis sich die Masse kloßartig vom Topfboden löst. Den Topf von der Kochstelle nehmen und die Masse abkühlen lassen. Das Ei unterrühren. Mit angefeuchteten Teelöffeln kleine Nocken abstechen. In kochendes Salzwasser setzen und darin bei kleiner Hitze 10 Minuten ziehen lassen.

Hagebuttensuppe

750 g Hagebutten
250 g Äpfel
1 ½ l Wasser
30 g Speisestärke
1 Prise Salz
etwas Zitronensaft
Zucker

• Die Hagebutten waschen, von Blüten befreien, die Früchte halbieren und die Kerne und Härchen entfernen. Die Äpfel waschen, vierteln und entkernen. Hagebutten und Äpfel in Wasser aufsetzen und aufkochen. Bei mittlerer Hitze 1 ¼ Stunde zugedeckt garen. Danach alles durch ein Sieb passieren.
• Die Speisestärke mit wenig Wasser verquirlen, in die Suppe rühren und einmal aufkochen. Mit Salz, Zitronensaft und Zucker abschmecken.

🍲 **TIPP:** Wer mag, kann die Suppe mit etwas süßer Sahne binden. Auch mit Weißwein abgeschmeckt ist sie sehr gut.

Kirschsuppe

• Die Kirschen waschen und entsteinen. Eine Hälfte der Kirschen mit dem Weißwein und Zucker in eine Schüssel geben und zugedeckt 2 Stunden ziehen lassen.

• Die andere Hälfte mit Rotwein, Wasser und Gewürzen aufsetzen und bei kleiner Hitze 10 Minuten kochen. Zimtstange und Zitronenschale entfernen. Die Rotwein-Kirschen durch ein Sieb in einen Topf streichen. Die eingezuckerten Weißwein-Kirschen abtropfen lassen und in die Kirschsuppe geben. Eventuell noch einmal kurz erhitzen.

🍲 **TIPP:** Die Suppe schmeckt auch eisgekühlt sehr gut. Ob kalt oder warm, die Suppe lässt sich auch mit Schnee- oder Grießklößchen angerichtet. Und eine Kugel Vanille-Eiskrem in der kalten Kirschsuppe ist auch ein großer Genuss. Weiß- und Rotwein kann durch Apfel- oder Kirschsaft ersetzt werden. Die eingelegten Kirschen dann vorher einzuckern.

1 kg Sauerkirschen

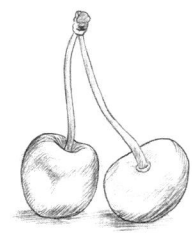

½ l leichter Weißwein
3 EL Zucker
½ l leichter Rotwein
½ l Wasser
3 – 4 Tropfen Bittermandel-Aroma
½ Stange Zimt
abgeschälte Schale
von ½ Bio-Zitrone

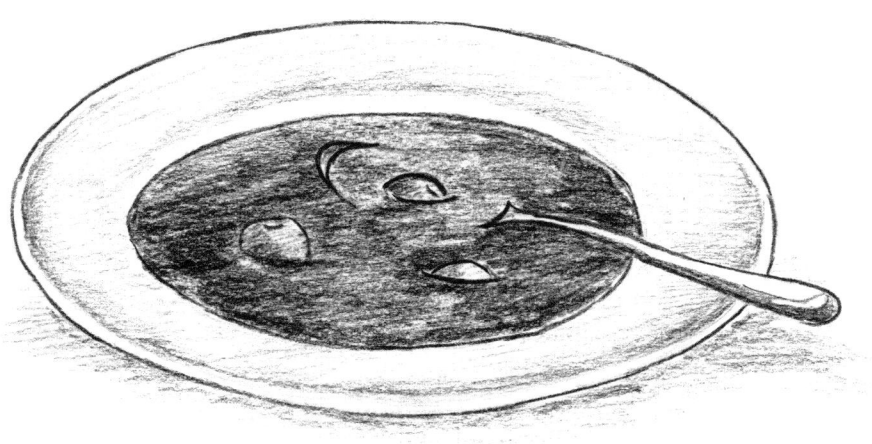

Notizen und weitere Rezepte:

_____
_____
_____
_____
_____
_____
_____
_____
_____
_____
_____
_____
_____
_____
_____
_____
_____
_____
_____
_____
_____
_____
_____
_____
_____
_____
_____
_____
_____
_____
_____
_____

FISCH – Frisch gefischt & aufgetischt

Anders als in den ländlichen Gegenden spielt in den Küstenregionen Mecklenburg-Vorpommerns und im Umland der Binnenseen Fisch, besonders »Dösch« und »Hiering«, in den lukullischen Vorstellungen die Hauptrolle. Fischköpp lautet deshalb die wenig respektvolle Titulierung der Ur-Küstenbewohner. Diese stört das überhaupt nicht. Sie genießen, was die reiche Vielfalt des Meeres auf den Tisch bringt. Früher war Fisch allerdings speziell für Saison-Gäste gedacht. Von Fisch für den eigenen Gaumen hielten die Einheimischen lange Zeit nicht allzu viel.

»Grönen Hiering« (frischer Hering) und »Solten Hiering« (Salzhering) sind die plattdeutschen Namen für zwei dieser Delikatessen. Dazu gibt's Pellkartoffeln und Speck oder Sahnestipp. Flundern und Hecht, Heilbutt und Makrele, Dorsch und Lachs vervollständigen die Familie der wohlschmeckenden einheimischen Wasserbewohner – und natürlich der Aal, der hier in vielen Variationen über alles geliebt wird. Wer dieses Land besucht, wird bestätigen, dass er als Tucker- oder Schmoraal mit Mehlschwitze – beides mit Kartoffeln – oder »Rökeraal« (so heißt er geräuchert) einfach so aus der Hand mit Brot ein wirklicher Genuss ist.

Braden gräun Hiering
(Gebratene grüne Heringe)

8 küchenfertige
kleine Heringe (800 g),
mit Kopf und Schwanz
4 – 6 EL Essig
oder Zitronensaft

2 Eigelb
4 EL Mehl
¹/₈ l Weißwein
Butterschmalz zum Braten

• Die Fische waschen, trockentupfen. Innen und außen mit Salz würzen. Eigelb, etwas Mehl und Wein verrühren. Erst in dieser Mischung, dann im restlichen Mehl wenden.
• Das Butterschmalz in einer Pfanne erhitzen und die Heringe darin von beiden Seiten knusprig goldgelb braten. Mit dem durchgeseihten Bratfett anrichten.
Beilagen-Tipp: Schmortkohl (siehe Seite 54) und schön mehlig gekochte Kartoffeln.

 TIPP: Küchenfertig lassen Sie sich die Fische beim Fischhändler vorbereiten. Dann sind die Fische ausgenommen. Wer Kopf und Schwanz oder nur den Schwanz behalten will, muss es dann mitteilen.
Will man die Heringe mit einer Soße essen, dann bereitet man sie so zu: Das Bratfett (40 g) erhitzen, Mehl (50 g) einrühren und bräunen. Mit ½ Liter Brühe aufgießen. 5 Minuten kochen und mit etwas Essig, Salz, Pfeffer und 1 Prise Zucker abschmecken.

Der Hering, Lieblingsfisch der Deutschen, tummelt sich in kilometerlangen Schwärmen im Nordatlantik, in der Nord- und der Ostsee sowie im Nordpazifik. Fangfrisch und ungesalzen wird er als »grün« bezeichnet. Die vielen dünnen Gräten kann man mitessen. Sehr delikat und kräftig im Geschmack sind die 2–3jährigen, 20 – 30 Zentimeter langen Jungheringe. Die älteren, geschlechtsreifen sogenannten Vollheringe tragen Milch und Rogen, die man auch mit verspeisen kann. Heutzutage gibt es ausschließlich ausgenommene Heringe. Milch und Rogen muss man im Fischfachgeschäft bestellen.

Braden Hiering
(Bratheringe)

• Die gebratenen Heringe leicht abgekühlt flach in eine Deckelschüssel legen. Zwiebeln schälen, in dünne Ringe schneiden. Wasser und Essig aufkochen. Die Zwiebelringe und die Gewürze hineingeben, aufkochen, abkühlen lassen und pikant abschmecken. Die Marinade über die Heringe gießen, sodass die Fische völlig bedeckt sind, und die Schüssel zudecken. Zwei Tage sollten die Fische in der Marinade ziehen, dann haben sie den richtigen Geschmack.

8 fertig gebratene Heringe
1 – 2 Zwiebeln
je ³/₈ l Wasser
und Weinessig
3 weiße Pfefferkörner
1 kleines Lorbeerblatt
4 Gewürzkörner (Piment)
Salz
½ TL Zucker

Suersolthiering
(Eingelegte Heringe)

• Die Heringe innen und außen gründlich abspülen und trocken tupfen. Die Hauptgräte entfernen, die Filets voneinander trennen. Die Filets innen und außen häuten. Eventuell die Heringsmilch beiseite legen.
• Die Zwiebeln abziehen und in Ringe schneiden. Die Heringsfilets mit den Zwiebelringen und Gewürzen schichtweise in eine längliche Deckelschüssel geben. Die gewaschene Heringsmilch klein schneiden, durch ein Sieb rühren, mit Essig, Wasser und Zucker verrühren und über die Heringe geben. Zugedeckt 2 Tage ziehen lassen.

🐟 **TIPP:** Noch feiner schmeckt die Soße, wenn Sie statt Essig und Wasser ¾ Liter saure Sahne (oder nur ½ Liter saure und ¼ Liter Schlagsahne) mit der durchgestrichenen Heringsmilch verrühren.

8 küchenfertige Salzheringe
von je 200 g (ohne Kopf),
eventuell mit Heringsmilch
(Milchner)
2 mittelgroße Zwiebeln

8 – 10 weiße Pfefferkörner
1 Lorbeerblatt
¼ TL Senfkörner
4 Gewürzkörner
½ l Weißweinessig
¼ l Wasser
½ TL Zucker

Heringsklopse

4 küchenfertige Salz-
herings-Doppelfilets
Mineralwasser
1 Brötchen, vom Tag zuvor

1 Zwiebel
375 g Hackfleisch
(halb Kalb- und halb
Schweinefleisch)
1 Ei (Gr. M)
Salz
weißer Pfeffer

Für die Soße:
40 g Butter
40 g Mehl
2 EL Kapern
1 Eigelb
1 EL saure Sahne oder
Schmant
Salz
weißer Pfeffer
1 Prise Zucker

• Die Heringsfilets mit Mineralwasser bedeckt 2 Stunden wässern. Brötchen grob würfeln, kalt einweichen. Inzwischen die
Zwiebel abziehen und fein würfeln.

• Heringsfilets abtropfen, von einander trennen, fein wiegen
oder mit einem Pürierstab zerkleinern. Zusammen mit dem
Hackfleisch, Zwiebelwürfeln, dem gut ausgedrückten Brötchen, Ei und Gewürzen mit den Händen verkneten. Mit Salz
und Pfeffer abschmecken. Aus der Masse 8–10 Klopse formen.
Etwa 2 Liter Wasser in einem Topf aufkochen und die Klopse
8–10 Minuten darin gar ziehen lassen. Die Klopse in eine
Schüssel setzen.

• Für die Soße von der Kochbrühe ½ Liter abmessen. Die Butter
in einem Topf erhitzen, das Mehl einrühren, mit der heißen
Brühe aufgießen und 5 Minuten kochen. Die abgetropften Kapern einrühren. Etwas Soße mit Eigelb und saurer Sahne oder
Schmant verrühren und in die restliche Soße geben. Mit Salz,
Pfeffer oder Zucker abschmecken. Klopse sehr gut abtropfen
und hineingeben.

Beilagen-Tipp: in Petersilie geschwenkte Salzkartoffeln und
grüner Salat mit saurer Sahne und gehackten Kräutern bestreut.

🐟 **TIPP:** Vorsicht beim Würzen. Die Heringsklopse sind ein
wenig mit den Königsberger Klopsen verwandt, fleischig im
Geschmack und durch die Heringsfilets recht pikant.

Hiering in Sahnstip (*Heringe mit Sahnestipp*)

• Die Salzheringsfilets abspülen und trocken tupfen.
• Die Filets voneinander trennen, innen und außen häuten. Eventuelle Milch putzen. Die Filets und Milch mit Mineralwasser bedeckt 1 Stunde wässern. Danach gut abtropfen lassen, trocken tupfen und in eine Schüssel legen oder einmal längs halbieren und dann in etwa 4 Zentimeter breite Stücke schneiden. Die Heringsmilch fein wiegen und mit Sahne, Crème fraîche, Rapsöl sowie Weißwein-Essig verrühren und mit dem Handrührgerät (Schneidstab) zerkleinern.
• Die Gewürzgurken in feine Würfel schneiden, in die Sahnesoße geben und mit Heringsstückchen mischen. Dill abbrausen, die Äste von den Stielen zupfen, grob schneiden und über den Fisch streuen.
Beilagen-Tipp: Schwarzbrot mit Butter.

4 küchenfertige Salzherings-Doppelfilets von je 200 g, eventuell mit Heringsmilch (Milchner)
Mineralwasser
¼ l Schlagsahne
1 Becher Crème fraîche (150 g)
2 – 3 EL Rapsöl
2 EL Weißwein-Essig
2 kleine Gewürzgurken
1 Bund Dill

Der Hering war an der Küste jahrhundertelang der Inbegriff für Fisch schlechthin. Ob nun eingelegt, in Stücke geteilt oder garniert mit Zwiebeln oder Gewürzgurke – der Hering konnte sich seit dem 17. Jahrhundert an Werk- und Sonntagen auf jedem Tisch sehen lassen. Das geht auch aus diesen Zeilen hervor: »Wenn't Sönndag ist, wenn 't Sönndag ist, da gift et wedder Hiering, de Vadder kriggt das Middelstück, de Moeder kriggt den Kopp und Steert, wi Kinner kriggt den Rögen.« (Wenn Sonntag ist, wenn Sonntag ist, da gibt es wieder Hering, der Vater bekommt das Mittelstück, die Mutter bekommt den Kopf und den Schwanz, wir Kinder bekommen den Rogen.)

Gräun Hiering kak't un Sempsoß
(Grüner Hering mit Senfsoße)

6 küchenfertige Salzheringe
mit Kopf und Schwanz
1 l Wasser
1 Lorbeerblatt
2 Pfefferkörner
Salz
1 EL tiefgefrorenes
Suppengrün
4 EL Essig

Für die Soße:
50 g Butter
50 g mittelscharfer Senf
¼ l Fischsud
¼ l Schlagsahne
1 TL Zucker
Salz
weißer Pfeffer
2 Eigelb
20 g eiskalte Butter

• Die Heringe waschen und trocken tupfen. Schwanz und Kopf zusammenbinden. ½ Liter Wasser, Gewürze, Suppengrün und Essig aufkochen. Die Heringe hinein setzen und zugedeckt etwa 5 Minuten ziehen lassen. Wenn die Augen wie weiße Perlen aussehen, sind sie gar.

• Für die Soße die Butter in einem Topf erhitzen, Senf zugeben und mit durchgeseihtem Fischsud und Sahne aufgießen. Zucker, Salz und Pfeffer zufügen.

• Eigelb mit wenig Soße verrühren und in die restliche Soße rühren. Nicht mehr kochen! Flöckchenweise die Butter einschlagen, so dass eine sämige Soße entsteht. Mit Zucker, Salz und Pfeffer abschmecken.

• Die Fische aus dem Sud nehmen, sehr gut abtopfen, trocken tupfen und das Küchengarn entfernen. Die Heringe auf eine Platte setzen. Die Soße separat anrichten.

🐟 **TIPP:** Auch eine Meerrettichsoße schmeckt gut dazu. Dazu 40 Gramm Fett sowie 50 Gramm Mehl mit je ¼ Liter Fischsud und süßer Sahne mischen; 2 – 3 Esslöffel Meerrettich aus dem Glas zugeben. Mit etwas geriebenem Apfel oder Apfelmus und Zitronensaft abschmecken.

Hieringssalat
(Heringssalat)

• Salzhering-Doppelfilets voneinander trennen, abspülen und 2 Stunden wässern, dann trocken tupfen.
• Salzheringe, Gewürzgurke, Rote Rüben, Äpfel, Pellkartoffeln und Kalbsbraten in 1 Zentimeter große Würfel schneiden. Alles lagenweise mit etwas Salz, Pfeffer und Zucker würzen.
• Für die Salatsoße Senf, Zitronensaft, Essig und Öl verrühren und mit Zucker abschmecken. Zuerst den geschnittenen Salzhering in die Marinade geben, dann die anderen Zutaten unterheben und abschmecken. Noch 30 Minuten ziehen lassen. Eventuell noch einmal abschmecken.
Beilagen-Tipp: Schwarzbrot und Butter.

Als »Glücksbringer« kann der Fisch schon auf eine gewisse Dienstzeit zurückblicken; deshalb gehört der arbeitsintensive Hieringssalat zum traditionellen Silvestergericht. In Mecklenburg-Vorpommern heißt es folgendermaßen: »Olljohrsabend« [Silvester] möt man Schuppenfisch äten un den Schuppen in't Portemonnaie stäken, dann ward dat nich leddig.«

3 küchenfertige Salzhering-Doppelfilets von je 200 g
Mineralwasser
1 Gewürzgurke
120 g vakuumverpackte Rote Rüben (Rote Bete)
2 große säuerliche Äpfel
250 g Pellkartoffeln
250 g Kalbsbraten, fertig gebraten im Stück
Salz
frisch gemahlener weißer Pfeffer
1 Prise Zucker

Für die Salatsoße:
1 TL Senf, mittelscharf
2 EL Zitronensaft
4 EL Essig
5 EL Öl
Zucker

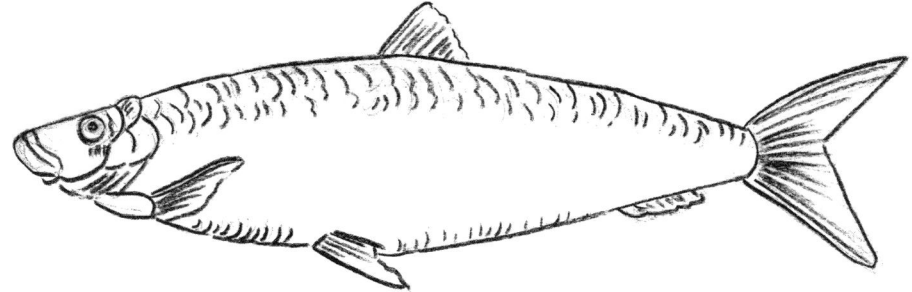

Hieringssoß

2 einzelne Salzheringsfilets
3 Schalotten
40 g Butterschmalz
2 EL Mehl
½ l Rinderbouillon
Blätter von 4 Estragon-
stielen
1 TL kleine Kapern
60 g sehr kleine Champignons
aus der Dose
2 EL trockener Weißwein
abgeriebene Schale von
1 Bio-Zitrone
3 EL saure Sahne
3 TL gehackte Kräuter (Dill,
Petersilie, Kerbel und
Schnittlauch)
frisch gemahlener weißer
Pfeffer
1 Hauch geriebene
Muskatnuss
1 Prise Zucker

• Die Heringsfilets 60 Minuten wässern, dabei das Wasser zwischendurch erneuern. Danach abtropfen lassen und fein hacken.

• Die Schalotten schälen und fein würfeln. Butterschmalz in einem Topf erhitzen, Schalottenwürfel darin glasig dünsten. Mehl einstreuen, alles unter Rühren hellgelb bräunen. Mit Rinderbouillon aufgießen und aufkochen.

• Estragonblätter, Kapern und Champignons fein hacken. Mit Weißwein, Zitronenschale und saurer Sahne verrühren. Heringsmasse unterrühren und alles unter die Schalottensoße rühren. Mit Pfeffer, Muskatnuss sowie Zucker würzen und abschmecken.

🐟 **TIPP:** Wer mag, kann die Hieringssoß auch fein pürieren. Dazu eventuell noch etwas süße Sahne unterrühren.

Heringshäckerle

• Die Salzherings-Doppelfilets voneinander trennen, über Nacht wässern. Am nächsten Tag abspülen und trocken tupfen. Die Heringsfilets erst in dünne, schräge Streifen und dann in Würfel schneiden.

• Eier, Gurke und die ungeschälten Äpfel sowie die geschälte Zwiebel ebenfalls fein würfeln. Alles mit den Heringsstücken in einer Schüssel mischen. Saure Sahne, Senf und Gewürze verrühren und unter die Zutaten heben. 30 Minuten zugedeckt durchziehen lassen. Eventuell noch einmal abschmecken.

4 küchenfertige Salzherings-Doppelfilets von je 200 g
2 hartgekochte Eier
1 saure Gurke
2 Äpfel
2 Zwiebeln
4 EL saure Sahne
1 TL Senf
weißer Pfeffer
1 Prise Zucker

Stinte in heller Soße

• Die Stinte putzen und waschen. Wasser, Salz, Essig, geschälte und geviertelte Zwiebel sowie den Nelkenpfeffer aufkochen. Die Stinte darin zugedeckt 5–8 Minuten ziehen lassen. Dann herausheben und gut abtropfen.

• Die Milch in einem Topf erhitzen. Butter und Mehl verkneten und mit der Milch verrühren. 7 Minuten kochen lassen. Eigelb verquirlen. Etwas heiße Soße zugeben und in die restliche Soße rühren. Nicht mehr kochen. Mit Essig oder Zitronensaft und Muskatnuss abschmecken.

• Die abgetropften Stinte in die Soße geben. Dill und Kerbel abbrausen, trocken tupfen, fein schneiden und unter die Soße rühren.

🐟 **TIPP:** Stinte kommen in europäischen Küstengewässern und tiefen Binnenseen vor. Sie sind fast durchsichtig, schlank und von etwa 20 Zentimeter Länge. Jahrelang gab es sie nicht zu kaufen. Aufgrund der sauberer werdenden Gewässer werden sie heute wieder angeboten. Pro Person rechnet man mit 500 g Stinten. Das sind etwa 15 bis 20 Fischchen. Stinte schmecken am besten von September bis März.

1 kg Stinte
¾ l Wasser
Salz
etwas Essig
1 Zwiebel
¼ TL Nelkenpfeffer

Für die Soße:
½ l Milch
1 gut gehäufter TL Mehl
60 g Butter
4 Eigelb
1–2 EL Weinessig oder Zitronensaft
geriebene Muskatnuss
1 Bund Dill oder 40 g Kerbel

Pflückhecht

1 küchenfertiger Hecht
(etwa 1 bis 1,2 kg)
2 Zitronen
Salz
1 Bund Suppengrün
1 ½ l Wasser
Salz
3 EL Weißwein-Essig
1 Lorbeerblatt
4 Gewürzkörner
60 g Butter
50 g Mehl
$^1/_8$ l saure Sahne
Salz
weißer Pfeffer
1 Prise Zucker
geriebene Muskatnuss
1 EL Kapern
1 EL gehackte Petersilie

Zum Garnieren:
1 Bio-Zitrone

• Den Fisch mit dem Saft einer ½ Zitrone beträufeln, dann salzen. Zugedeckt beiseitestellen.

• Suppengrün putzen, waschen und klein schneiden. Wasser, Salz, Weißwein-Essig und Gewürze 10 Minuten kochen lassen. Den Fisch hineinsetzen und zugedeckt bei kleiner Hitze etwa 20 Minuten ziehen lassen.

• Den Hecht herausheben und das Fleisch vorsichtig in fingerlangen Stücken von der Gräte lösen (pflücken). Die Hechtstücke mit der Brühe begossen warm stellen.

• In einem zweiten Topf Butter zerlassen, Mehl einrühren, hellgelb werden lassen und mit ½ Liter durchgeseihter Fischbrühe aufgießen. 5 Minuten kochen. Die saure Sahne einrühren. Den Topf vom Herd nehmen. Mit Zitronensaft, Salz, Pfeffer, Zucker und Muskatnuss abschmecken.

• Eine halbe Zitrone dick schälen, filetieren und die Filets klein schneiden. Zusammen mit den Kapern und der gehackten Petersilie unter die Soße rühren.

• Zum Servieren die abgetropften Hechtstücke in die Soße geben. Vorsichtig wenden, damit die Fischstücke nicht zerfallen. Restliche Zitronenhälfte in Achtel schneiden und den Fisch damit garnieren.

Beilagen-Tipp: in Dill geschwenkte Salzkartoffeln und grüner Salat in einer Marinade aus Buttermilch, Schlagsahne und frischen Kräutern bereitet.

🐟 **TIPP:** Für die Zubereitung wäre ein länglicher Fischtopf oder ein Bratentopf ideal, damit der Hecht auch Platz hat.

Gespickter Hecht mit Sahnesoße

• Den Hecht gründlich abspülen, trocken tupfen, innen mit Zitronensaft beträufeln und salzen. Den Speck in ½ Zentimeter breite und 10 Zentimeter lange Streifen schneiden und den Fisch mit Hilfe einer Spicknadel seitlich quer zum Rücken spicken. Eine feuerfeste Form mit etwa 30 Gramm Butter einfetten.

• Den Hecht samt zwei großen Zwiebeln (geben gleich etwas Geschmack) mit der offenen Bauchseite darauf setzen. Die restliche Butter erhitzen und über den Fisch gießen. Die kleinere Zwiebel schälen und vierteln. Die geputzte Möhre grob raspeln und mit den Gewürzen neben dem Hecht verteilen. Den Fischfond angießen. Die Form im vorgeheizten Backofen auf der unteren Schiene bei 220 Grad (Gas: Stufe 3 – 4; Umluft: 200 Grad) etwa 40 Minuten braten. Hin und wieder mit dem Bratfond begießen. 4 Esslöffel saure Sahne und 1 Esslöffel Mehl verquirlen. Etwa 15 Minuten vor Ende der Bratzeit den Hecht mit dieser Mischung bestreichen, das bräunt schön. Den Fisch aus der Form nehmen und warm stellen. Die Zwiebeln entfernen. Den Inhalt der Form herausnehmen, den Fond durch ein Sieb in einen Topf gießen und erhitzen. Das restliche Mehl und die Butter verkneten und die Soße damit sämig machen. Noch 8 Minuten kochen. Mit Zitronensaft, Salz, Pfeffer und Zucker abschmecken.

Beilagen-Tipp: Salzkartoffeln und Tomatensalat mit einer Kräutermarinade.

TIPP: Heute wird kaum noch gespickt, weil dabei die Fasern zerstört werden. Nur aus Tradition blieb es im Rezept beim Spicken. Einfacher geht's, wenn man den Speck für kurze Zeit in das Gefrierfach legt. Dann läßt er sich gut in Streifen schneiden und problemlos mit der Spicknadel durch den Fisch ziehen. Alternative zum Spicken: Hecht mit Speckscheiben umwickeln.

Der Hecht ist ein Süßwasserfisch und kommt normalerweise nur in Flüssen und Binnenseen vor. Die einzige Ausnahme von dieser Regel ist der Greifswalder Bodden. In Restaurants der pommerschen Universitätsstadt kann man deshalb auch vorzüglich Ostseehecht essen.

1 küchenfertiger Hecht von etwa 1 ½ kg
2–3 EL Zitronensaft
1 TL Salz
150 g fetter Speck
80 g Butter
2 sehr große (je 100 g) Zwiebeln
1 kleinere Zwiebel
1 Möhre
1 Lorbeerblatt
3 Pimentkörner
½ l Fischfond (aus dem Glas)
4 EL saure Sahne
3 EL Mehl
40 g Butter
2 Tropfen Zitronensaft
Salz
weißer Pfeffer
1 Prise Zucker

Aal in Aspik

1 kg küchenfertige, gehäutete, dünne bis mitteldicke ausgenommene Aale
Salz
Weißwein-Essig zum Begießen
1 Petersilienwurzel
1 mittelgroße Zwiebel
etwa 1 l Wasser
Salz
1 Lorbeerblatt
6 weiße Pfefferkörner,
1 Eiweiß
125 ml Weißwein-Essig
8 Blatt weiße Gelatine
Zweige von 4 – 5 Dillstielen

• Den Aal abspülen, mit Salz abreiben, nochmals abspülen und trocken tupfen. In gleichmäßig große Stücke schneiden, dicht nebeneinander in ein Gefäß legen und mit heißem Essig begießen, damit er schön blau wird.

• Die Petersilienwurzel und die Zwiebel schälen und klein schneiden. Wasser, Salz, Gemüsestücke und Gewürze in einem großen Topf aufkochen, die Aalstücke hinzugeben und 15 – 20 Minuten ziehen lassen, nicht kochen. Mit einem Schaumlöffel herausnehmen, abtropfen lassen und beiseitelegen.
Das Kochwasser durch ein feines Sieb in einen Topf seihen. Das Eiweiß schaumig schlagen, auf die Flüssigkeit geben und durchrühren. Langsam aufkochen und die Brühe durch einen Kaffeefilter gießen, damit sie völlig klar wird. Mit Essig und Salz abschmecken.

• Die kalt eingeweichte und gut ausgedrückte Gelatine in der Brühe auflösen. Etwas in eine Glasschüssel gießen, einige Dillzweige darübergeben, die Flüssigkeit erstarren lassen.

• Die Aalstücke darauf anordnen. Wieder etwas Dill darübergeben. Mit restlicher Gelierflüssigkeit begießen. Abgekühlt im Kühlschrank völlig erstarren lassen.

Wenn es in Mecklenburg hieß: »Runner von'n Disch, Mudder kaakt Fisch«, dann konnte man eines durchaus gewöhnlichen Wochentags gewiss sein. Fisch – so verändert sich mit den Zeiten die Ernährungssituation – war einst ein häufiges und billiges Nahrungsmittel. Und das führte auch dazu, dass sich Fisch als Festessen nur schwer durchsetzen konnte.

Braden Karp (Gebratener Karpfen)

• Den Karpfen abspülen, trocken tupfen und quer in Portionsstücke schneiden. Die Stücke mit Zitronensaft beträufeln, dann
mit Salz und Pfeffer bestreuen und zugedeckt ruhen lassen.
• Danach die Fischstücke trocken tupfen, zuerst in Mehl, dann
in verquirltem Ei und zuletzt in Semmelmehl wenden.
• Butterschmalz in einer Pfanne bei mäßiger Hitze nicht zu heiß
werden lassen, und darin die Karpfenstücke von beiden Seiten
braten.
Beilagen: Sauerkraut mit Pilzen (Seite 56), Salzkartoffeln,
Nusskroketten.

TIPP: Wer kein scharfes Messer hat, sollte sich die Portionen
in fingerdicke Tranchen vom Fischhändler schneiden lassen.

für 6 Portionen
1 küchenfertiger Karpfen
von 1500 g
Saft einer ½ Zitrone
Salz
weißer Pfeffer
3 EL Mehl zum Wenden
2 Eier (Gr. M)
4 EL Semmelmehl
Butterschmalz zum Braten

Fisch-Botter (Fischbutter)

• Den Bückling häuten und gründlich entgräten. Fischstücke
mit dem Handrührgerät (Quirlen) verrühren, dabei die saure
Sahne oder den Schmant unterrühren. Die Zwiebel schälen,
sehr fein hacken und unter die Fischpaste heben. In ein Porzellangefäß füllen und kühl stellen.

1 kleiner Bückling (300 g)
1 Zwiebel
100 ml saure Sahne oder
Schmant

Tuckeraal

1 kg küchenfertige, frische Aale
Saft von ½ Zitrone
Salz
1 Stange Porree (200 g)
2 Möhren
1 Petersilienwurzel
250 g Kartoffeln

3 Zwiebeln (120 g)
40 g Butter
1 EL Mehl
¼ l heiße Fleischbrühe
Salz
1 kleines Lorbeerblatt
1 Schuss trockener Weißwein
3 EL Petersilie

• Die Aale abspülen, mit Zitronensaft beträufeln, salzen und in fingerlange Stücke schneiden. Gemüse putzen und waschen. Porree längs halbieren und in Streifen schneiden. Möhren, Petersilienwurzel, Kartoffeln und Zwiebeln schälen und in Scheiben schneiden.

• Die Butter in einem Topf erhitzen, Mehl einrühren und mit Brühe ablöschen. Das Gemüse zugeben und zugedeckt bei kleiner Hitze etwa 10 Minuten bissfest garen. Aalstücke, Salz und Lorbeerblatt zugeben und alles zusammen zugedeckt etwa 15 Minuten garen.

• Das Lorbeerblatt entfernen und die Soße mit Weißwein abschmecken. Den Tuckeraal mit gehackter Petersilie bestreut anrichten.

TIPP: Dünnere Aale schmecken besser als dicke.

In der Müritz, so nennen die Mecklenburger liebevoll den 120 Quadratkilometer großen Müritzsee, gab es einst 30 verschiedene Fischsorten. Auch heute ist Deutschlands größter Binnensee immer noch sehr fischreich. Aale aus der Müritz sind sehr begehrt.

Aal in Beer

• Die Aale gründlich abspülen, in fingerlange Stücke schneiden, trocken tupfen und mit Zitronensaft beträufeln. Innen mit Salz und Pfeffer würzen.

• Fischfond, Bier, Gewürze und Suppengrün in einem großen, flachen Topf aufkochen. Die Fischstücke hineinsetzen und darin zugedeckt bei mittlerer Hitze etwa 10–15 Minuten garen (je nach Größe der Stücke).

• Die Fischstücke herausnehmen und warm stellen. Den Fischlebkuchen mit etwas Flüssigkeit beträufeln, damit er weich wird. Die Zwiebel schälen und fein würfeln. Die Margarine erhitzen, die Zwiebelwürfel darin glasig werden lassen, Mehl einrühren und mit der Fischfond-Bierflüssigkeit mit Gemüse ablöschen. Den Fischlebkuchen hineinrühren, aufkochen und alles noch 5 Minuten garen. Mit Zitronensaft, Himbeer- oder Johannisbeergelee, Zucker und Salz abschmecken. Die Fischstücke hineinsetzen und sofort servieren.

Beilagen-Tipp: Salzkartoffeln und Specksalat (Seite 55).

1 kg küchenfertiger, frischer Aal
Saft von 1 Zitrone
Salz
weißer Pfeffer
¼ l Fischfond (aus dem Glas)
1 Flasche Dunkelbier (0,5 l)
1 Lorbeerblatt
4 EL tiefgefrorenes Suppengrün
50 g Fischlebkuchen (Fischfachgeschäft, Supermarkt)
40 g Margarine
1 Zwiebel
30 g Mehl
2 EL Zitronensaft
1 EL Himbeer- oder Johannisbeergelee
1 Prise Zucker

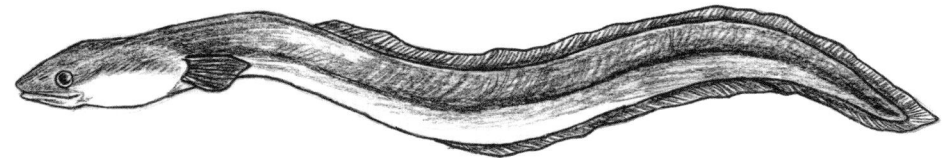

Geräucherte Flundern mit Kohl

4 geräucherte Flundern
1 Kopf Weiß- oder
Wirsingkohl (750 g)
150 g durchwachsener
Speck
2 Zwiebeln

½ l heiße Fleischbrühe
1 TL gemahlener Kümmel
Salz
weißer Pfeffer
Fett für die Form

• Den Kohl vierteln, den Strunk herausschneiden und die Viertel grob schneiden. Den Speck fein würfeln und in einem Topf ausbraten.

• Die Zwiebel schälen, würfeln und darin glasig dünsten. Die Kohlstreifen portionsweise zufügen, mit Brühe aufgießen. Zwischendurch mit Kümmel bestäuben. Mit Salz und Pfeffer würzen. Zugedeckt bei mittlerer Hitze 20 Minuten schmoren lassen. Alles in eine mit wenig Fett ausgestrichene feuerfeste Auflaufform verteilen, die Flundern darauflegen. Mit einem Deckel oder mit Alufolie verschließen. Im vorgeheizten Backofen bei 200 Grad (Gas: Stufe 3; Umluft: 180 Grad) 12–15 Minuten backen.

Beilagen-Tipp: Salzkartoffeln und grüner Salat.

Heringe lassen sich sehr vielseitig zubereiten. Dieses »Heringswohlwollen« stößt natürlich in »Fisch-Kreisen« auf Neid und Missgunst. Fritz Reuter erzählt davon in seinem Buch »Läuschen un Rimels«. Als bei einem Wettschwimmen der Fische ausgerechnet der Hering leichtflossig davonschwamm, rief die Flunder verbittert: »Ist der Hering auch ein Fisch?« Diese Frage war in der Tat eine vorsätzliche Beleidigung; deshalb blieb der Flunder ihr hämisches Maul schief stehen. Bis heute!

Kak't Schlie (Gekochte Schleie mit Meerrettichbutter)

• Die Schleie innen salzen und pfeffern und mit etwas Weißwein-Essig begießen. 5 Minuten ruhen lassen. Wasser, restlichen Essig, Salz, geschälte, geviertelte Zwiebel und Pfefferkörner in einem großen Topf aufkochen. Die Fische hineingeben und zugedeckt 10–12 Minuten (größere Fische 12–15 Minuten) ziehen lassen.
• Für die Meerrettichbutter die weiche Butter, Meerrettich und etwas Zitronensaft verrühren und kühl stellen.
Den Fisch auf einer Platte anrichten und die Meerrettichbutter separat dazu reichen.
Beilagen-Tipp: Salzkartoffeln in gehackter Petersilie geschwenkt.

TIPP: Wenn Sie die Schleie nicht, wie hier im Rezept angegeben, blau kochen wollen, dann müssen die Fische vorher geschuppt werden. Wie Karpfen eignen sich auch Schleie zum Dünsten und Schmoren.

Die Schleie – olivgrün oder braun – stammen aus der Karpfenfamilie. Sie haben einen kräftigen Körper, der mit kleinen, tief sitzenden Schuppen bedeckt und von einer Schleimschicht umgeben ist. Schleie finden sich da, wo auch Karpfen leben.

4 küchenfertige Schleie von
je 300 g
Salz
weißer Pfeffer
1/8 l Weißwein-Essig
1 ½ l Wasser
1 Zwiebel
5 schwarze Pfefferkörner
1 kleines Lorbeerblatt

Für die Meerrettich-butter:
200 g weiche Butter
4–5 EL geriebener
Meerrettich (frisch oder aus
dem Glas)
etwas Zitronensaft

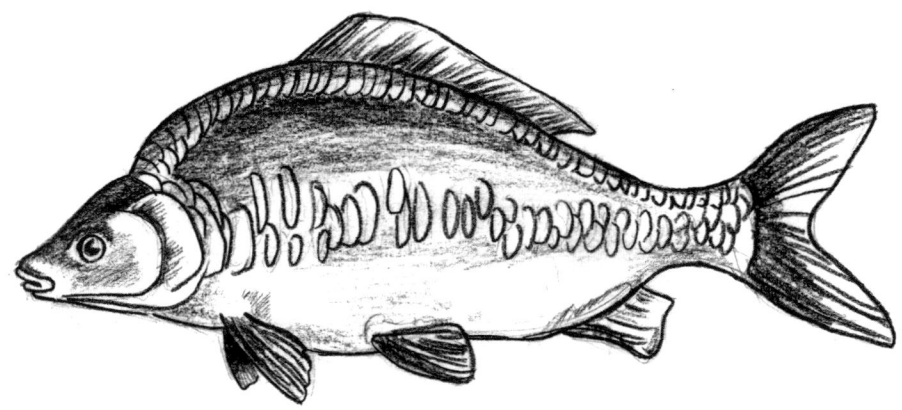

Barsche in Weißweingelee

1 ½ kg küchenfertige Barsche
Saft von 1 Zitrone
Salz
¾ l Wasser
3 EL Weißweinessig
1 Zwiebel
1 frische Petersilienwurzel
1 Lorbeerblatt
4 weiße Pfefferkörner
1 Gewürznelke
2 Zitronenscheiben
8 Blatt weiße Gelatine
¼ l trockener Weißwein
etwas Zitronensaft
weißer Pfeffer

Für die Garnierung:
4 kleine Strauchtomaten
2 hartgekochte Eier (Gr. M)
100 g Salatgurke
je ½ Bund Petersilie, Dill und Kerbel

• Die Barsche gründlich abspülen. Mit Zitronensaft beträufeln, salzen und zugedeckt 10 Minuten ziehen lassen. Wasser, Essig und Salz kräftig abschmecken. Die geschälte und geviertelte Zwiebel, die Petersilienwurzel und die Gewürze zufügen. Alles zugedeckt 15 Minuten kochen, dann in einen Bräter seihen. Die Fische in den Sud geben, bei kleiner Hitze zugedeckt ziehen lassen und im Sud abkühlen. Der Sud darf nicht kochen! Die Fische herausnehmen, abtropfen und häuten. Kopf und Schwanz abtrennen und filetieren, d.h. die Filets vorsichtig von den Gräten befreien. Die Fischfilets in eine flache Porzellanform mit einem Rand legen.
• Die Gelatine kalt einweichen. Fischsud durchseihen und ¼ Liter abmessen. Mit Weißwein mischen und erwärmen. Die ausgedrückte Gelatine darin auflösen. Mit Zitronensaft, Salz, Pfeffer abschmecken. Über die Fische gießen und das Ganze erstarren lassen. Mit Strauchtomaten, Eiern, Salatgurke, Petersilie, Dill und Kerbel garniert servieren.
Beilagen-Tipp: Kartoffelsalat – nur mit Essig, Salz, Pfeffer, etwas Öl und ausgelassenem Speck angemacht.

Der Barsch ist ein Edelfisch, der sich in breiten Flüssen mit langsamer Strömung oder in Seen mit festem Boden am wohlsten fühlt. Deshalb kommt er in den mecklenburgischen Seen sehr häufig vor. Sein Erkennungszeichen: Jeweils die erste der beiden Rückenflossen ist mit einem harten Strahlenstachel besetzt. Die Farbe des Rückens wechselt von dunkelgrau bis olivgrün, mit fünf bis neun dunklen Querstreifen. Der Bauch ist hell, das Fleisch äußerst zart und fettarm, jedoch sehr, sehr grätenreich. Barsche sollten am besten gleich nach dem Fang geschuppt werden. Sie können wie Forellen verarbeitet werden.

Krebse »Sommerlust«

• Die Flusskrebse gründlich abbürsten. Weißwein, Wasser, Salz, die geschälte und geviertelte Zwiebeln sowie die ebenfalls geschälten, in Würfel geschnittenen Möhren in einem großen Topf aufkochen. Die Dillzweige von den Stängeln zupfen und beiseitelegen. Die Stängel in den Sud geben.

• Immer 6 Krebse in die simmernde Flüssigkeit geben; wenn das Wasser wieder kocht, die nächste Partie. Sobald alle im Wasser sind, den Deckel auflegen. Noch 5 Minuten kochen, dann 10 Minuten ziehen lassen.

• Krebse herausnehmen und in eine vorgewärmte Schüssel geben. Die Flüssigkeit durch ein Sieb in einen Topf gießen, die Sahne zugeben und 10 Minuten einkochen lassen. Butter flöckchenweise einschlagen. Über die Krebse gießen. Mit Salz und Pfeffer abschmecken. Dill drüberstreuen.

• Die Soße entweder in eine vorgewärmte Terrine geben oder in vorgewärmten Tassen extra reichen und vorweg essen. Die Krebse anschließend knacken, bis keiner mehr da ist.
Beilage: Stangenweißbrot und Butter.

Sie sind einfach sehr lecker – die kleinen Krebse. Ihre bevorzugte Zeit ist Mai bis August. Leider raffte 1876 eine Krebspest in den mitteleuropäischen Flüssen Tiere dahin. Süßwasserkrebse, die sich in Flüssen, Bächen und Seen tummeln, gibt es aber seit einiger Zeit – auch wieder in den Mecklenburger Seen –, da die Gewässer sauberer geworden sind. Krebse dürfen nur lebend (oder als Konserve) angeboten werden. Lebende Krebse bleiben in richtiger Verpackung – in Weiden- oder Spankörben mit Moos oder Holzwolle – auch ohne Wasser 2 Tage lang quietschvergnügt, d. h. ungeschwächt am Leben. Die kleinsten Krebse wiegen ca. bis 45 Gramm; das sind Suppenkrebse. Größere, die Speisekrebse, wiegen 80 bis 100 Gramm.
Meine Großmutter veranstaltete jährlich ein Krebs-Essen. Die Zubereitung der Krebse ist einfach – das Essen dagegen anfänglich gewöhnungsbedürftig. Aber auch als Anfänger kann man sie spätestens nach dem fünften Krebs spielend wie folgt essen: Die Scheren im Gelenk abbrechen und – auch wenn's Geräusche macht – auslutschen. Die Beine abbrechen und aussaugen. Den Schwanz vom Körper abdrehen. Mit einem Messer seitlich öffnen, den oberen Schwanzdeckel ablösen und

für 4 Personen
24 lebende Flusskrebse von je 40 g

1 l trockener Weißwein
½ l Wasser
Salz
1 Zwiebel
2 Möhren
1 großes Bund Dill
1 TL Kümmel
½ l Schlagsahne
40 g eiskalte Butter
weißer Pfeffer

den fadenartigen Darm in der Mitte des Schwanzes entfernen. Das Fleisch auslösen, eventuelle Chitinstreifen entfernen.

Pannfisch auf Mecklenburger Art

750 g Kartoffeln, mehligkochende Sorte
Salz
50 g Butter
weißer Pfeffer

Für das Fleisch:
1 Möhre
1 Sellerieknolle (150 g)
1 Petersilienwurzel
2 Zwiebeln
1 ½ l Wasser
500 g gepökeltes Rindfleisch (z. B. Rinderbrust)
3 Gewürzkörner
1 Lorbeerblatt
Für den Fisch:
600 g Fischfilet (Kabeljau, Schellfisch, Lengfisch)
1 Möhre
1 Stück Sellerieknolle
2 Zwiebeln
½ l Wasser
Salz
1 Lorbeerblatt
3 Gewürzkörner
2 EL Essig
2 Stiele Petersilie
Für die Garnierung:
4 kleine Salatblätter
2 Gewürz- oder Salzgurken
2 Stiele Petersilie

Die Kartoffeln schälen, waschen, würfeln und in Salzwasser garen. Für das Fleisch das Gemüse putzen, waschen und in grobe Stücke schneiden. Die Zwiebeln schälen und achteln. Salzwasser aufkochen. Fleisch, zerkleinertes Gemüse, Zwiebeln und Gewürze zufügen. Zugedeckt etwa 90 Minuten ziehen lassen.

Für den Fisch Zwiebeln abziehen und halbieren. Gemüse putzen, waschen und klein schneiden.

½ l Wasser und Salz mit den Zwiebeln, dem Gemüse, Lorbeerblatt, Pimentkörnern und Essig aufkochen.

Den vorbereiteten Fisch darin bei kleiner Hitze 10–15 Minuten ziehen und im Sud erkalten lassen. Den Fisch herausnehmen und in Stücke pflücken (Achtung: Gräten!).

Die Kartoffeln abgießen, trocken dämpfen und sofort mit etwas Fischsud zu Stampfkartoffeln zerdrücken. Den zerpflückten Fisch und die Butter großzügig unterrühren. Mit Salz und Pfeffer abschmecken.

Das Fleisch aus der Brühe nehmen und in dünne Scheiben schneiden. Das Pannfischpüree auf Tellern anrichten, die Fleischscheiben an den Rand legen. Mit Salatblättern, Gurkenscheiben und Petersilie garnieren.

TIPP: Rinderbrust gibt es nicht fertig gepökelt. Sie sollte beim Schlachter einige Tage vorher bestellt werden.

GEMÜSE – Kleine & große Beilagen

Ein großer Liebhaber von Gemüse war man in Mecklenburg-Vorpommern nicht unbedingt. Die Braten aß man allein, d. h. nur mit Kartoffeln – aber das ist ja auch Gemüse.

Ansonsten gab und gibt es zu allem und jedem grünen Salat – vorwiegend Kopfsalat –, relativ gewöhnungsbedürftig in einer Soße aus saurer Sahne oder Buttermilch zubereitet.

Ungewohnt ist auch der Specksalat, bei dem es sich ebenfalls um Kopfsalatblätter handelt, die in einer Art gekochten süß-saurer Essigsoße liegen. Der Salat kommt kurz vor dem Servieren dort hinein, so dass die Soße noch Zeit zum Abkühlen hat.

Davon abgesehen ist das Gemüse der Region der Kohl, und den kann man hier wunderbar zubereiten. Ob als Rotkohl, Grünkohl, Rosenkohl, Weißkohl oder Sauerkohl – aber auch Wirsing oder gar Wruken, die Ananas des Nordens, stehen auf dem Speisezettel. Kürbis gab es als süß-sauer eingelegte Beilage oder als Suppe und gedünstet in Speckfett. Man begegnet ihm heute noch in sehr appetitlichen Versionen.

Einige Gemüsegerichte sind für Auswärtige schwer einzuordnen. Manche Kombinationen lassen eher auf einen Eintopf schließen; sie werden jedoch als Gemüsebeilage eingeordnet, weil dazu Fleisch in Scheiben gegessen wird – wie beispielsweise bei Bohnen un Appel.

Neben dem genannten Gemüse wurden Arwten (Erbsen), Wöddeln (Möhren), Wurzeln, Blumenkohl und Bohnen (grüne Stangenbohnen) schon jahrhundertelang angepflanzt und zubereitet; meistens, wie auch sonstiges Gemüse, in einer hellen Soße, also gestobt. Hin und wieder wird Spargel in historischen Quellen erwähnt, jedoch nur in der klassischen Zubereitung: mit zerlassener Butter begossen.

Schmortkohl

1 kg Weißkohl
1 ½ EL Schweineschmalz
3 – 4 Äpfel
$^1/_8$ l Rinderfond (Glas) oder
Gemüsebrühe
Salz
weißer Pfeffer
1 TL Speisestärke
1 EL kaltes Wasser
1 Bund Petersilie, gehackt

• Den Kohlkopf in Achtel schneiden. Den Strunk entfernen. Den Kohl waschen, in feine Streifen hobeln oder fein schneiden. In heißem Schmalz portionsweise erhitzen. Die Äpfel schälen, vierteln, Kerngehäuse entfernen, Apfelviertel klein schneiden, zum Kohl geben und unterheben. Mit Rinderfond oder Gemüsebrühe auffüllen und mit Salz und Pfeffer würzen. Zugedeckt 20 Minuten kochen.
• Die Flüssigkeit mit in wenig Wasser angerührter Speisestärke binden. Eventuell noch einmal abschmecken. Zum Servieren mit gehackter Petersilie bestreuen.
Beilage: Braden gräun Hiering (Seite 34).

TIPP: Aus diesem Schmortkohl lässt sich auch ein Sauerkohl machen, wenn das Ganze mit 2 Esslöffel Essig und 2 – 3 Esslöffel Sirup oder Zucker abgeschmeckt wird.

Wrukengemüß
(Steckrübengemüse)

1 kg Wruken (Steckrüben)
3 EL Pflanzenöl
Salz
frisch gemahlener weißer
oder schwarzer Pfeffer
$^1/_8$ bis ¼ l Fleischbrühe
1 Bund Petersilie

Die Wruken schälen, waschen und in Stifte schneiden. Das Öl in einem Topf erhitzen und die Stifte darin unter Wenden andünsten. Mit Salz und Pfeffer bestreuen. Brühe angießen und etwa 15 Minuten zugedeckt garen. Die Petersilie abbrausen, trocken schwenken, die Blätter von den Stielen zupfen und grob hacken oder nur zupfen und unterheben.

Specksalat

• Vom Kopfsalat die Blätter abtrennen, verlesen, putzen, abbrausen, trocken schwenken und in mundgerechte Stücke zupfen.
• Für die Salatsoße den Speck würfeln und in einer Pfanne auslassen. Mit Wasser auffüllen, etwas einkochen lassen. Essig oder Zitronensaft und Zucker zufügen. So lange rühren, bis sich der Zucker aufgelöst hat. Dann süßsauer abschmecken. Kurz vor dem Servieren die Salatblätter auf Teller verteilen und mit der Soße übergießen. Die Kräuter darüber streuen.
Beilage: Aal in Bier (Seite 47), Schinken in Brotteig (Seite 64) oder Kloppschinken (Seite 70).

1 großer Kopfsalat
125 g durchwachsener Speck
$^1/_8$ l Wasser
2 EL Weißweinessig oder Zitronensaft
3 EL Zucker
½ Bund Kräuter (Petersilie, Dill, Kerbel, Schnittlauch), gehackt

Kopfsalat mit saurer Sahne

• Vom Kopfsalat die Blätter abtrennen, verlesen, putzen, abbrausen, trockenschleudern und in mundgerechte Stücke zupfen.
• Für die Salatsoße saure Sahne, Gewürze und Zitronensaft mit Zucker und Kräutern verrühren und kurz vor dem Anrichten über den Salat geben.

1 großer Kopfsalat

Für die Salatsoße:
150 ml saure Sahne
Salz
weißer Pfeffer
Saft von ½ Zitrone
3 EL Zucker
2 EL gehackte Kräuter (Dill, Kerbel, Zitronenmelisse)

Rotkohl

für 4 – 6 Portionen
1 Rotkohl (1,2 kg)
3 mittelgroße Boskopäpfel
3 EL Schweineschmalz
1 Zwiebel mit 3 Nelken
gespickt
$1/8$ l Wasser
3 EL Essig
2 EL Zucker
1 Prise Zimt
1 rohe Kartoffel
Salz
frisch gemahlenen weißen
Pfeffer
2 EL Johannisbeerkonfitüre

• Den Rotkohl putzen, waschen, vierteln, den Strunk entfernen und die Viertel in feine Streifen schneiden.
Die Äpfel schälen, vierteln, das Kerngehäuse entfernen, die Viertel in Scheiben schneiden.
• Das Schweineschmalz erhitzen, die Kohlstreifen und die Apfelscheiben portionsweise darin andünsten, die mit Nelken gespickte Zwiebel zugeben und unter Wenden 10 Minuten andünsten. Wasser, Essig, Zucker und Zimt zugeben. Zugedeckt 40 – 45 Minuten schmoren lassen.
• Die Kartoffel schälen und fein gerieben in den Kohl geben, einmal aufkochen lassen und mit Salz, Pfeffer und Johannisbeerkonfitüre abschmecken.

Sauerkraut mit Pilzen

für 6 Portionen
50 g getrocknete Steinpilze
500 g Sauerkraut
1 Lorbeerblatt
1 kräftige Prise Salz
frisch gemahlener weißer
Pfeffer
2 kleine Zwiebeln
30 g Butterschmalz
20 g Mehl

• Die Pilze in etwa ¼ Liter warmem Wasser 20 Minuten einweichen. Aus dem Einweichwasser nehmen, ausdrücken und in kleine Stücke schneiden. Das Einweichwasser durch ein Sieb gießen und beiseitestellen.
• Das Sauerkraut mit zwei Gabeln zerpflücken und in dem Pilzwasser mit Lorbeerblatt, Salz und Pfeffer aufsetzen. Zugedeckt etwa 30 Minuten garen. Nach 10 Minuten Kochzeit die Pilze unter das Sauerkraut heben.
• Die Zwiebeln schälen, würfeln und in Butterschmalz glasig werden lassen. Das Mehl einrühren. Dann erst etwas Sauerkraut zufügen, umrühren, und nun das übrige Sauerkraut unterheben. Bei kleiner Hitze unter Rühren noch 5 Minuten kochen.
Beilagen: Braden Karp (Seite 45), Salzkartoffeln oder Gnickbraden (Seite 67).

Arwten un Wöddeln (Erbsen und Möhren)

• Die Möhren putzen, waschen und in feine Streifen oder Würfel schneiden. Wenn sie sehr jung sind und es Fingermöhren sind, können sie auch ganz bleiben. Die Erbsenschoten auspalen, die Erbsen waschen und abtropfen lassen.

• Butter erhitzen, Möhren darin schwenken. Wasser zufügen und zugedeckt 10–15 Minuten dünsten. Die Erbsen hinzugeben. Noch 6–8 Minuten zugedeckt garen.

• Mehl und wenig Wasser verquirlen, in die Gemüseflüssigkeit rühren und 5 Minuten kochen lassen. Mit Salz, Pfeffer sowie Zucker abschmecken und mit der gehackten Petersilie bestreuen und sofort anrichten.

Beilage: Biefstäk (Seite 70) und Stampfkartoffeln – mit Milch zubereitet –, Karnickelbraden (Seite 86) oder Kloppschinken (Seite 70)

👄 **TIPP:** Statt Petersilie können auch 20 g gezupfter Kerbel oder Estragon verwendet werden. Das schmeckt ebenfalls sehr gut.

500 g Möhren
750 g Erbsenschoten (ergibt
250 g ausgepalte Erbsen)
40 g Butter
$1/8$ l Wasser
40 g Mehl
Salz
weißer Pfeffer
1 kräftige Prise Zucker
1 Bund Petersilie, gehackt

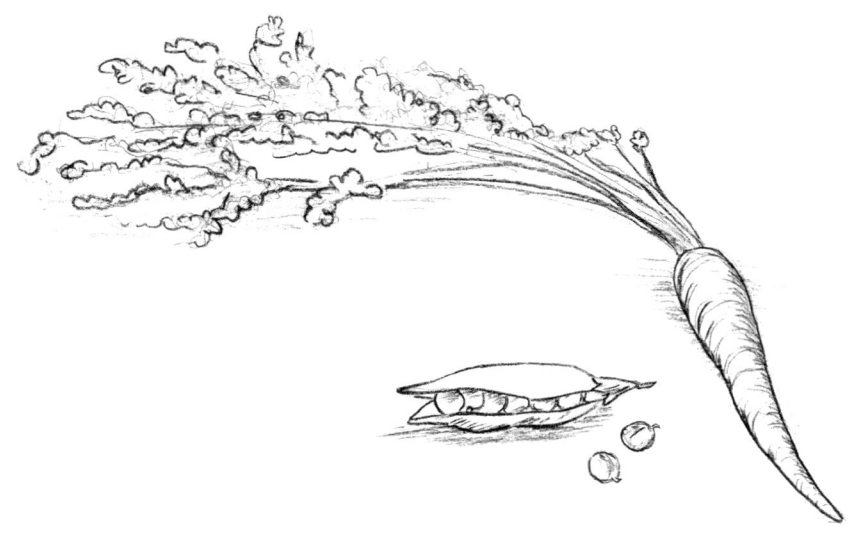

Gestobte große Bohnen

3 kg dicke Bohnen
mit Schalen (ergibt 750 g
große Bohnenkerne)
¼ l Wasser
Salz

Für die Soße:
30 g Butter
40 g Mehl
¼ l Gemüsewasser
$^1/_8$–¼ l Fleischbrühe
$^1/_8$ l Milch
Salz
weißer Pfeffer
1 Bund Petersilie, gehackt

• Die Bohnen enthülsen. Die Bohnenkerne in gesalzenem Wasser etwa 30–40 Minuten garkochen (sobald sie länger gekocht werden, brauchen sie wieder mehr Zeit, um erneut weich zu werden!). Dann herausnehmen, abtropfen und warm stellen.
• Für die Soße die Butter in einem Topf erhitzen, das Mehl einrühren, das Gemüsewasser mit Brühe auf ½ Liter auffüllen und mit Milch ablöschen, gut durchkochen und mit Salz und Pfeffer abschmecken. Die abgetropften Bohnenkerne und die gehackte Petersilie unterheben.
Beilage: Gnickbraden (Seite 67).

Snibbelbohnen in Melk
(Schnittbohnen in heller Soße)

750 g Schnittbohnen (flache,
breite Stangenbohnen)
Salz
Blätter von 3 Bohnen-
krautzweigen
60 g Butter
2 EL durchwachsener,
gewürfelter Speck
1 Zwiebel
2 EL Mehl
¼ l Milch
geriebene Muskatnuss
Salz
weißer Pfeffer
½ Bund Petersilie

• Die Bohnen gründlich waschen, putzen, abtropfen und schräg in feine Streifen schneiden. Salzwasser und Bohnenkraut aufkochen und die Bohnen darin 8–10 Minuten garen. Dann abgießen und das Kochwasser auffangen.
• Die Butter in einem Topf zerlassen und die Speckwürfel darin glasig braten. Die Zwiebel schälen, würfeln, zum Speck geben und goldgelb dünsten. Mehl einstreuen, anschwitzen und mit ¼ Liter Kochflüssigkeit und Milch unter Rühren aufgießen. 8 Minuten bei kleiner Hitze kochen. Die Bohnen zugeben, vorsichtig wenden. Mit Muskat, Salz und Pfeffer würzen.
Beilagen-Tipp: Salzkartoffeln, über die man in Milch gestobte Schnittbohnen anrichtet. Soße und Bohnen lassen sich dann beim Essen schön miteinander verbinden. Außerdem isst man dazu gesalzenen Hering oder geräucherten Schinken.

Körbsengemüß *(Kürbisgemüse mit Speck)*

• Den Speck mit den Gewürzen in kochendes Wasser geben und zugedeckt etwa 60 Minuten köcheln lassen. Die Zwiebeln schälen und würfeln. Den Porree putzen, waschen, abtropfen und in dünne Ringe schneiden. Die Äpfel abspülen, vierteln und das Kerngehäuse entfernen. Die Viertel in nicht zu dünne Scheiben schneiden.

• Den Kürbis schälen, die Kerne und das weiche Innere entfernen. Das Kürbisfleisch würfeln. Die Tomaten obenauf kreuzweise einritzen, mit kochendem Wasser überbrühen, häuten, vierteln oder eventuell auch achteln, dabei die Stengelansätze entfernen.

• Das Schweineschmalz in einem Topf erhitzen, Zwiebelwürfel zugeben und darin glasig werden lassen. Kürbisstücke und Porreeringe zufügen und unter Wenden mitdünsten. Mit ½ Liter Speckbrühe auffüllen, zugedeckt bei mittlerer Hitze 15 Minuten garen. 10 Minuten später die Apfelschnitze, kurz danach die Tomatenstücke zugeben. Buttermilch und Mehl in einem weiteren kleinen Topf verrühren, 5 Minuten kochen lassen und unter das Kürbisgemüse rühren. Mit Salz, Pfeffer und Zucker kräftig abschmecken.

Den Speck in Scheiben schneiden. Mit separat gekochten Salzkartoffeln zum Kürbisgemüse anrichten.

Beilage: Biefstäk (Seite 70).

600 g durchwachsener Speck
2 kleine Lorbeerblätter
4 Gewürzkörner
¾ l Wasser
2 Zwiebeln
1 kleine Stange Porree (100 g)
2 mittelgroße Äpfel (Boskop)
1 kg Kürbis (z. B. Muskatkürbis)
2 mittelgroße Tomaten
50 g Schweineschmalz
$^1/_8$ l Buttermilch
30 g Mehl
Salz
weißer Pfeffer
Zucker

Bohnen un Appel
(Weiße Bohnen mit Äpfeln)

300 g weiße Bohnen
¾ l Wasser
1 Bund Suppengrün
350 g Äpfel
Zucker, Zimt, Salz
125 g durchwachsener
Speck
50 g Butter oder Margarine

• Die Bohnen über Nacht mit Wasser bedeckt einweichen. Am nächsten Tag in dem Einweichwasser mit dem geputzten kleingeschnittenen Suppengrün 1 ½ Stunden kochen.

• Die Äpfel schälen, vierteln, das Kerngehäuse entfernen und unter die Bohnen mischen. Noch 15 Minuten bei mittlerer Hitze köcheln lassen. Mit Zucker, Zimt und Salz abschmecken. Den durchwachsenen Speck würfeln, glasig braten und Butter einrühren. Das Gemüse in einer Schüssel anrichten.

• Den ausgelassenen Speck in ein kleines Pfännchen geben. Jeder drückt eine Mulde in die Bohnen-Apfelmus-Mischung und gibt den Speck mit dem Fett da hinein.

Beilage: Kloppschinken (Seite 70) und Spickbrust (Seite 81).

🧄 **TIPP:** Mancherorts mag man das Mus auch ohne Speck und hebt dafür etwas gehackte Petersilie unter.

Schinkenbohnen

• Die Kartoffeln in Wasser aufsetzen und in der Schale etwa 20 Minuten garen. Inzwischen die Bohnen putzen, waschen und in Stücke schneiden. 10–12 Minuten in kochendem Wasser mit Salz garen, herausnehmen und gut abtropfen. Schinken oder Speck sehr fein würfeln. Die Kartoffeln abgießen, trocken dämpfen, schälen und in Scheiben schneiden.

• Eine feuerfeste Auflaufform einfetten. Bohnen, Schinken und Kartoffeln abwechselnd einschichten. Zwischendurch mit etwas Salz und Pfeffer bestreuen.

• Eier, Milch, Salz und Pfeffer verquirlen, Bohnenkrautblätter unterheben und alles über die Kartoffel-Bohnen-Mischung geben. Mit Käse bestreuen, Fettflöckchen obenauf setzen. Zugedeckt im vorgeheizten Backofen bei 200 Grad (Gas: Stufe 3; Umluft: 180 Grad) 25–30 Minuten garen.

600 g Kartoffeln
750 g Brechbohnen
½ TL Salz
150 g roher Schinken oder durchwachsener Speck
Fett für die Auflaufform
4 Eier (Gr. M)
¼ l Milch
weißer Pfeffer
3 Stiele Bohnenkraut
40–50 g geriebener Edamer
30 g Butter oder Margarine

Notizen und weitere Rezepte:

FLEISCH, GEFLÜGEL & WILD –
Deftige Genüsse, die Kraft geben

Frei nach Fritz Reuter »bliwwt allens bi'n Ollen« in Mecklenburg-Vorpommern. Für die Natur und die landwirtschaftlich genutzten Gebiete ist dies ein Segen. Äcker und Wiesenflächen reichen im weiten Land bis zum Horizont. Hier gibt es sie oft noch, die so gern erwähnten glücklichen Kühe, mit artgerechter Haltung. Vielfach bleibt das Vieh das ganze Jahr auf den Weiden, und die Kälber werden unter natürlichen Bedingungen von den Mutterkühen gesäugt. Hochwertiges Rind- und Kalbfleisch, und die Milch sowieso, sind die wichtigsten tierischen Agrarprodukte des Landes. Auch die althergebrachte Schweineaufzucht ist optimal, freilaufendes Federvieh desgleichen. Der Haltung des Viehs entspricht auch die Qualität des Fleisches. Das Ergebnis liegt auf der Hand beziehungsweise im Kochtopf. Und so sind deftige Fleischbraten vom Schwein, vom Schinken, mit und ohne Umhüllung von Brotteig, der Gnickbraden vom Kamm des Schweins auf Wildbretart, diverse in Bier geschmorte Fleischstücke und der obligatorische Swinsrippenbraden vom Speiseplan nicht wegzudenken.

Um nach der schweren Landarbeit wieder zu Kräften zu kommen, gibt man den deftigen Genüssen den Vorzug. Entsprechend versteht sich auch der Ausspruch: »Sonn Gaus is doch'n narschen Vogel, för ein is't bald'n bäten völ und für twei wedder lang nich naug« (So eine Gans ist ein närrischer Vogel – für einen zu viel und für zwei nicht genug).

Apropos: Wer kennt sie nicht, die pommersche Gans? Als knuspriger Gänsebraten zum Beispiel ist sie eine Delikatesse. Doch auch die Teilstücke sind nicht zu verachten. Geradezu ausgeschlachtet wird der Vogel. So werden die Gänsekeulen gepökelt und gekocht oder zu Wittsuergausfleisch (eine Art süß-saure Sülze) veredelt. Aus dem zuvor geräucherten Brustfleisch kreiert man die Spickbrust. Zu guter Letzt wird aus den fein geschnittenen rohen Flomen, kleinen Zwiebelwürfelchen und Majoran der sogenannte Pommersche Kaviar zubereitet.

Selbstverständlich kommt in Kombination mit Fleisch das Obst ganz groß raus. Als klassische Zutaten finden sich Äpfel, Birnen und Pflaumen in vielen salzigen und süßen Gerichten wieder. Gerade zu geschmortem Rindfleisch und Schweinefleisch, wie im Rippenbraten, sind sie als aromatische Geschmacksverfeinerung nicht wegzudenken. Außerdem macht die Fruchtsäure fetthaltige Speisen bekömmlicher.

Neben bekannten Wurstsorten – wie Rügenwalder Teewurst und Lungenwurst oder Mett- und Schlackwürsten –
kommt auch das Wild in der Küche nicht zu kurz. Die Jäger
Mecklenburg-Vorpommers konnten schon immer aus dem
Vollen schöpfen. Schwarzwild, Hirsche und Rehe sowie Reb-
hühner, Wachteln und Hasen stehen nach wie vor auf den
Speisezetteln.

Schinken in Brotteig

2 kg geräucherter Schweineschinken ohne Schwarte,
aber mit Fettschicht

Für den Teig:
500 g Brotteig vom Bäcker
oder aus einer fertigen
Backmischung
etwas Mehl zum Ausrollen

je 1 TL gehackter Thymian,
Majoran und Estragon
Butter zum Einfetten

• Den Schinken 24 Stunden in kaltes Wasser legen. Das Wasser mehrere Male wechseln. Dann in einem großen Topf mit
Wasser bedeckt (oder in einem Schnellkochtopf mit ¼ Liter
Wasser) bei kleiner Hitze zugedeckt 60 Minuten (oder im
Schnellkochtopf 15 Minuten) garen.
• Den Brotteig auf bemehlter Arbeitsfläche fingerdick ausrollen und mit den Kräutern bestreuen. Den Schinken herausnehmen, trocken tupfen und auf den Teig setzen. Den Teig
herumwickeln, die Teigränder mit kaltem Wasser bestreichen,
andrücken und mit der Nahtstelle nach unten auf ein gefet-
tetes und leicht bemehltes Backblech setzen. Den Schinken
oben mehrmals einstechen. Im vorgeheizten Backofen auf
der unteren Schiene bei 200 Grad (Gas: Stufe 3; Umluft: 180
Grad) 120 Minuten backen.
• Braten herausnehmen und die Brotkruste entfernen, denn
sie wird eigentlich nicht mitgegessen. Die meisten tun es
trotzdem, weil die Kruste, in die der Bratensaft gezogen ist,
sehr gut schmeckt. Den Schinken in Scheiben schneiden.
Beilagen: Salzkartoffeln und Kopfsalat mit saurer Sahne (Seite
55).

TIPP: Wenn Sie den Teig selbst machen wollen, bereiten
Sie einen Hefeteig aus diesen Zutaten: 250 g Roggen-Vollkorn-
mehl, 250 g Weizen-Vollkornmehl, 30 g Hefe, ¼ l lauwarmes
Wasser, 1 EL Weizenkeime und ¼ TL Salz.

Gebackener Schinken mit Schwarzbrotkruste

• Die Fettschicht des Schinkens rautenförmig einschneiden, das Fleisch salzen und pfeffern. An die Schnittpunkte die Nelken stecken.

• Das Wasser in eine Fettpfanne gießen, das Fleisch hineinsetzen und auf der unteren Schiene im Backofen bei 220 Grad (Gas: Stufe 3 – 4; Umluft: 200 Grad) 70 Minuten braten. Dann die Temperatur auf 200 Grad (Gas: Stufe 3; Umluft: 180 Grad) runterschalten und weitere 60 Minuten braten. Zwischendurch mit dem Bratfond begießen. Eventuell verdampftes Wasser ergänzen.

• Roggenbrot, Zucker und Eiweiß verrühren und den Schinken damit bestreichen. Geputztes, zerkleinertes Gemüse in die Fettpfanne geben. Weitere 20 Minuten backen, bis sich eine schöne Kruste gebildet hat. Den Schinken herausnehmen, warmstellen. Den Bratensatz mit etwas kaltem Wasser vom Blech lösen, durch ein Sieb in einen Topf seihen, aufkochen und mit Schlagsahne verquirltem Mehl verrühren. 5 Minuten kochen lassen. Zum Anrichten den Schinken in Scheiben schneiden, die Soße separat reichen.

Beilagen: Salzkartoffeln und Rotkohl (Seite 56).

🍲 **TIPP:** Wenn kein getrocknetes Schwarzbrot im Hause ist, können Sie etwa 400 Gramm frisches nehmen und es im Backofen trocknen lassen.
Wer mag, kann den Gemüsefond pürieren, dann entfällt das Binden mit Mehl.

Trotz der Nähe zum Meer gibt es in Mecklenburg eine Fleisch- und Bratenvergangenheit. Besonders bei Festlichkeiten bogen sich die Tische unter der Last der häufig süßlich abgeschmeckten Fleischspeisen. Nicht nur die Qualität, auch die Quantität war wichtig. Und es war das größte Lob eines Gastes, wenn er zum Abschied sagte: »Es hat mich schön gefallen, is noch Fleisch nachgeblieben?« (Es hat mir sehr gefallen, ist noch Fleisch übrig geblieben?). Unverzeihlich war, wenn an der Küste Köche den Mecklenburger Geschmack nicht getroffen oder gar verfehlt hatten. Einer von ihnen, Peter Klahr, hat es schriftlich bekommen. Auf seiner

1 Schweineschinken (1,5 kg) aus der Keule
(ohne Schwarte, mit dünner Fettschicht)
Salz
frisch gemahlener weißer Pfeffer
10 Gewürznelken
¼ l Wasser
200 g trockenes, geriebenes Roggenbrot

4 EL brauner Zucker
1 Eiweiß
1 Möhre
1 Sellerieknolle
2 – 3 EL Schlagsahne
1 – 2 EL Mehl

Grabplatte in der Doberaner Klosterkirche kann es jeder nachlesen: »Hier ruht Peter Klahr, he kaakte selen gahr, dar tau ganz unflädig, Gott sy siener Seelen gnädig« (Hier ruht Peter Klahr, er kochte selten gar, dazu ganz unflätig/unfleissig, Gott sei seiner Seele gnädig).

Swinsbraden mit Kirschsoß
(Schweinebraten mit Kirschsoße)

Für den Schinken:

1,5 kg Schweineschinken
(z. B. aus der Oberschale
oder Keule) ohne Schwarte
frisch gemahlener
weißer Pfeffer
2 EL Butterschmalz
1 Tasse Wasser
Salz
1 kleines Bund Suppengrün
3 EL Semmelmehl
1 EL Mehl
2 EL Zucker

Für die Soße:

400 g Kirschen
60 g Zucker
Saft von ½ Zitrone
etwas Speisestärke

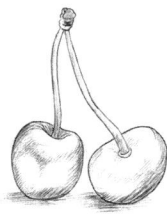

• Den Schinken mit etwas Pfeffer einreiben. 1 Esslöffel Butterschmalz in einem Bräter erhitzen und darin den Schinken rundherum anbraten und salzen. Das Wasser angießen. Den Bräter in den vorgeheizten Backofen, untere Schiene, stellen und bei 220 Grad (Gas: Stufe 3 – 4; Umluft: 200 Grad) 90 Minuten braten.

• Das geputzte, zerkleinerte Suppengrün zufügen. Dann die Temperatur auf 200 Grad (Gas: Stufe 3; Umluft: 180 Grad) runterschalten und 40 Minuten braten. Zwischendurch mit dem Bratfond begießen. Eventuell verdampftes Wasser ergänzen.

• Inzwischen restliches Butterschmalz erhitzen. Semmelmehl darin unter Rühren goldgelb werden lassen. Herausnehmen und mit Mehl und Zucker mischen. 30 Minuten vor Ende der Garzeit diese Masse auf dem Schinken verteilen und bei 260 Grad (Gas: Stufe 5; Umluft: 240 Grad) braten, bis die Kruste fest ist.

• Für die Kirschsoße die Kirschen waschen, entstielen und abtropfen lassen, in einem Topf mit Zucker, Zitronensaft und 4 Esslöffeln Wasser kochen, dann im Mixer pürieren. Mit in etwas kaltem Wasser verrührter Speisestärke binden.

• Zum Servieren den Schinken in Scheiben schneiden. Sollte die Kruste dafür zu hart sein, sie vorher abnehmen, zerbrechen und dann zu den Schinkenscheiben legen. Die Soße separat anrichten.

Dieser Schweinebraten mit Kirschsoße dürfte ebenso pikant wie ungewöhnlich sein, aber er ist eine Delikatesse.»Süßlich überkrustete Braten bildeten mit die eigenständigsten Gerichte der gehobenen mecklenburgischen Küche.« So stand es jedenfalls in Lisette Reuters Kochbuch von

1827 zu lesen. Und sie beschrieb diesen Braten voll Entzücken mit jener »wunnerschönen Bork (Kruste) von Zucker und Kaneel (Zimt)«, womit die meisten Braten unmittelbar vor dem Garwerden und Anrichten versehen wurden.

Gnickbraden
(Kammbraten)

• Den Schweinekamm abspülen und mit einem sauberen Tuch trocken tupfen. Für die Beize Wasser und Essig mit den Gewürzen verrühren. Das Fleisch hineinlegen und 2 Stunden darin zugedeckt ruhen lassen.

• Margarine in einem Topf erhitzen und das Fleisch rundherum scharf anbraten. Mit Salz, Pfeffer und Paprika würzen. Die geschälte, geviertelte Zwiebel, die in Stücke geschnittene Möhre und die abgezogene, geviertelte Tomate zugeben. Alles mit anbraten, mit ¼ Liter Wasser aufgießen und zugedeckt etwa 60 Minuten schmoren lassen. Das Fleisch herausnehmen, warm stellen. Den Bratensatz mit etwas kaltem Wasser lösen. Den restlichen ¼ Liter Brühe und den Rotwein zugießen. Mit Schlagsahne verquirlter Speisestärke rühren, 5 Minuten kochen lassen und abschmecken. Das Fleisch in Scheiben schneiden, die Soße separat anrichten.

Beilagen: Grünkohl oder Rotkohl (Seite 56) und Salzkartoffeln.

1,2 kg Schweinekamm

Für die Beize:
¼ l Essig
3/4 l Wasser
½ TL scharze Pfefferkörner
6 Pimentkörner
(Nelkenpfeffer)
1 Stück Lorbeerblatt
50 g Margarine
Salz
weißer Pfeffer
Paprika edelsüß
1 Zwiebel
1 kleine Möhre
1 Tomate

½ l Brühe
1/8 l Rotwein
2 EL Schlagsahne
etwas Mehl

Swinsrippenbraden
(Gefüllter Schweinsrippenbraten)

3 saure Äpfel
250 g Backflaumen
(Kurpflaumen)
1–2 EL Zucker
abgeriebene Schale und Saft
von 1 Bio-Zitrone
100 g Semmelmehl
2,5 kg leicht gepökelte
Schmorrippe (vom Fleischer
so weit ansägen lassen, dass
das Fleischstück zusammen-
geklappt werden kann)
Salz
weißer Pfeffer
Butterschmalz zum Braten
½ l Wasser oder Brühe
(Instant)
3 EL Schlagsahne
1 EL Mehl

• Die Äpfel schälen, achteln und die Kerngehäuse entfernen. Die Pflaumen in Wasser einweichen und gut ausdrücken. Mit Äpfeln, Zucker, Zitronensaft und -schale sowie Semmelmehl mischen.

• Die Schmorrippe innen mit wenig Salz und Pfeffer bestreuen. Die Füllung auf das untere Rippenstück legen, die zweite Hälfte darüberklappen, mit Küchengarn fest zusammenbinden und trockentupfen. Braten in heißem Butterschmalz in einem Bräter rundherum goldgelb anbraten. Etwas Brühe oder Wasser darübergießen und zugedeckt im vorgeheizten Backofen bei 225 Grad (Gas: Stufe 4; Umluft: 200 Grad) zugedeckt 90 Minuten schmoren lassen. Dann noch 30 Minuten ohne Deckel braten.

• Das Fleisch herausnehmen, warm stellen. Den Bratensatz loskochen. Mehl mit der Sahne verrühren, in den Bratfond geben, 5 Minuten unter Rühren kochen lassen. Das Fleisch in Scheiben schneiden, die Soße separat servieren.

Beilagen: Salzkartoffeln und grüner Salat, mit einer Essig-Öl-Marinade angemacht und dann mit Zucker bestreut.

Swinkopp un Gräunkohl
(Schweinekopf mit Grünkohl)

• Den Schweinekopf abspülen und zusammen mit Salz, den Gewürzen und einer geschälten, geviertelten Zwiebel mit Wasser bedeckt aufkochen. Zugedeckt bei mittlerer Hitze 2–3 Stunden kochen lassen.

• Grünkohl gründlich waschen, die Blätter von den Rippen streifen, die Blätter in kochendem Wasser 5 Minuten ziehen lassen. Herausnehmen, in eiskaltem Wasser abschrecken, wieder abtropfen lassen und fein schneiden.

• Die restliche Zwiebel schälen und fein hacken. Das Schmalz in einem großen Topf erhitzen, den Grünkohl darin unter Wenden andünsten. Etwa mit ½ Liter Schweinskopfbrühe auffüllen. Mit Salz, Pfeffer und Muskatnuss würzen. Bei mittlerer Hitze zugedeckt 2 Stunden garen.

• Den Schweinskopf aus der Brühe nehmen, das Fleisch von den Knochen lösen und in Scheiben oder mundgerechte Stücke schneiden und auf dem Grünkohl verteilen.

Beilage: mehlig gekochte Kartoffeln.

🍲 **TIPP:** Ein sehr deftiges, wenn auch nicht leicht verdauliches Essen für eine große Tafelrunde. Hervorragend schmeckt es, wenn der Schweinskopf geräuchert ist. Das macht sicher Ihr Schlachter, wenn Sie ihn darum frühzeitig bitten.

½ Schweinekopf
(beim Fleischer vorbestellen und zerteilen lassen)
Salz
5 weiße Pfefferkörner
1 kleines Lorbeerblatt
2 Zwiebeln

1 kg Grünkohl
60 g Schweineschmalz
weißer Pfeffer
geriebene Muskatnuss

Kloppschinken
(Klopfschinken)

250 g roher, magerer Schinken (vom Schlachter in 5 mm dicke Scheiben schneiden lassen)
¼ l Milch
125 g Mehl
1 Ei (Gr. M)
¹⁄₈ l helles Bier
1 TL Öl
Muskatnuss
Salz
Butterschmalz zum Braten

• Die Schinkenscheiben mit dem Daumenballen flachdrücken, so dass sich die Scheibe leicht vergrößert. 2 Stunden in Milch legen.
• Aus Mehl, Ei, Bier, Öl und Gewürzen einen glatten Teig rühren. 15 Minuten ruhen lassen.
• Die Schinkenscheiben durch den Teig ziehen und in reichlich heißem Butterschmalz in einer Pfanne von beiden Seiten jeweils 2–3 Minuten goldgelb backen.
Beilage: Specksalat (Seite 55).

Ursprünglich kam in Mecklenburg-Vorpommern zu besonderen Gelegenheiten ein in Brotteig gebackener geräucherter Schinken (Seite) auf den Tisch. Um sich dem Fleisch zu nähern, musste auf die Umhüllung »geklopft« werden. Dieser Kloppschinken hier ist eine vereinfachte Abwandlung dieser alten Zubereitung. Er lässt sich für täglich bequemer praktizieren.

Biefstäk

4 fingerdicke Scheiben Rinderfilet (je 180 g)
weißer Pfeffer
60 g Butterschmalz
Salz
40 g Butter
Saft von 1 Zitrone
1 Bund Petersilie, gehackt

• Die Fleischscheiben flach klopfen, beiderseits mit ein wenig Pfeffer bestreuen und mit 30 Gramm zerlassenem Butterschmalz rundherum bestreichen. Restliches Butterschmalz erhitzen und das Fleisch von jeder Seite 2–3 Minuten braten. Salzen und warm stellen. Butter in einem Topf zerlassen. Zitronensaft und Petersilie einrühren, würzen und die Soße über die angerichteten Biefstäks gießen.
Beilagen: Stampfkartoffeln mit Milch zubereitet und Arwten und Wöddeln (Seite 57).

Dieses Rezept soll das Originalrezept aus einem handgeschriebenen Kochbuch von 1827 sein und von Lisette Reuter, der Schwester Fritz Reuters, stammen. Die Schreibweise variierte innerhalb des Rezeptes und wurde auch als »Bifttäk« verewigt.

Rindfleisch mit säutsuer Soß
(Rindfleisch mit süßsaurer Soße)

• Fleisch und Knochen waschen und trocken tupfen. Beides mit Salz und Wasser aufsetzen, 2 Stunden bei mittlerer Hitze zugedeckt garen.

• Suppengrün putzen, waschen und zerkleinern. Tomate waschen. Beides nach 60 Minuten zum Fleisch geben. Fleisch und Knochen aus der Brühe nehmen, Brühe durchseihen. Fleisch in fingerdicke Scheiben schneiden und warm stellen.

• Für die Soße die Margarine erhitzen, das Mehl einrühren und leicht bräunen. Mit der heißen Brühe auffüllen, Essig, Zucker und Gewürze zufügen. Bei mittlerer Hitze 5 Minuten köcheln.

• Die Soße durch ein Sieb geben, saure Sahne unterrühren, das Fleisch kurz darin ziehen lassen.

• Fleisch mit der Soße und Salzkartoffeln servieren.

500 g Rindfleisch
(z. B. Rinderbrust)
250 g Rinderknochen
(z. B. Roastbeefknochen)
1 Markknochen
Salz
1 ½ l Wasser
1 kleines Bund Suppengrün
1 Tomate

Für die Soße:
40 g Margarine
50 g Mehl
$^3/_8$ l Fleischbrühe
$^1/_8$ l Weißweinessig
2 EL Zucker
2 Lorbeerblätter
6 Pimentkörner
(Nelkenpfeffer)
Salz
weißer Pfeffer
2 – 3 EL saure Sahne

Rindfleisch mit Plummen
(Rindfleisch mit Pflaumen)

250 g getrocknete Pflaumen
oder Kurpflaumen

2 l Wasser
3 Zwiebeln
1 Stange Porree
3 Möhren
1 Stück Sellerieknolle
(130 g)
1 kg Rindfleisch
(z. B. Schwanzrolle oder
Bürgermeisterstück)
Salz
3 Gewürzkörner
1 Lorbeerblatt
2 EL Zucker
30 g Butter
30 g Mehl
frisch gemahlener weißer
Pfeffer

• Back- oder Kurpflaumen in lauwarmem Wasser einweichen. Die Zwiebeln schälen und vierteln. Das Gemüse putzen, waschen und klein schneiden. Das Fleisch in einem großen Topf mit 2 Liter gesalzenem Wasser geben, aufkochen und abschäumen. Zwiebelviertel, Gemüse und Gewürze zufügen. Zugedeckt bei kleiner Hitze ca. 90 Minuten kochen lassen.

• Das Fleisch herausnehmen und warmstellen. Die Brühe durch ein Sieb seihen. ½ Liter Brühe abmessen und beiseitestellen. In restlicher Brühe die Back- oder Kurpflaumen mit Zucker erhitzen.

• Restliche Zwiebeln in Ringe schneiden. Butter in einem Topf erhitzen, die Zwiebelringe darin glasig werden lassen, mit Mehl bestäuben und unter Wenden anschwitzen. Mit dem ½ Liter von der heißen Brühe aufgießen, umrühren und aufkochen lassen. Mit Salz und Pfeffer abschmecken.

• Das Fleisch in fingerdicke Scheiben schneiden. Die Pflaumen aus der Brühe nehmen. Alles zusammen mit der Zwiebelsoße anrichten.

Beilage: Kartoffelmus (Maustüfften) oder Salzkartoffeln und grüner Salat mit einer Essig-Öl-Marinade.

Rindfleisch mit Plummen, das ist eine typische Spezialität aus Mecklenburg-Vorpommern. Sie wurde schon von Fritz Reuter besungen. Es geht in dem Lied darum, dass sich ein Lehrling beim Bürgermeister über das schlechte Essen bei seinem Lehrherrn beklagt. Der meint aber: »Ick holl min Lüd' so slicht? Antwurten's blot up dese Frag: Rindfleisch un Plummen? Is't en slicht Gericht?« Das Gedicht endet mit Lehrling Jochen Brümmers entwaffnender Antwort: »Rindfleisch un Plummen is en schön Gericht, doch, mine Herrn, ick krigg't man nicht.« (Rindfleisch mit Pflaumen ist ein schönes Gericht, doch, meine Herren, ich bekomme es nicht.«)

Rindfleisch mit Appel
(Rindfleisch mit Äpfeln)

• Das Fleisch abspülen, trocken tupfen und in kleine, dünne Scheiben schneiden. Die Äpfel schälen, vierteln und das Kerngehäuse entfernen. Die Pfeffergurken in kleine Würfel schneiden.

• Die Margarine in einem Topf erhitzen und die Fleischstücke portionsweise darin leicht anbraten. Die Gewürze zufügen und mit der Brühe angießen.

• Zugedeckt bei mittlerer Hitze 30 Minuten garen, dann die Apfelviertel und Gurkenwürfel zufügen und etwas umrühren. Zugedeckt weiterhin 20–30 Minuten köcheln, bis die Äpfel weich, aber nicht musig sind. Das Gericht abschmecken und mit gehackter Petersilie bestreut anrichten.

1 kg mageres Rindfleisch
(z. B. Hals oder Schulter)
1 kg Äpfel
4 Pfeffergurken
40 g Margarine
$3/8$ l Brühe
1 Lorbeerblatt
1 Gewürznelke
2 Pimentkörner
(Nelkenpfeffer)
Salz
1 Bund Petersilie, gehackt

Hammelfleisch mit Kümmelsoß

• Das Fleisch mit kochendem Salzwasser bedeckt in einen Topf geben, aufkochen und abschäumen. Gemüse putzen, waschen. Sellerieknolle in Würfel, Porree in Streifen, Möhre in Scheiben schneiden. Die Zwiebeln abziehen und vierteln. Knoblauchzehe zerdrücken. Das kleingeschnittene Gemüse, den Knoblauch und die Zwiebeln mit den Gewürzen zum Fleisch geben. Zugedeckt bei mittlerer Hitze 1 ½ – 2 Stunden garen. Dann $3/8$ Liter Brühe abnehmen, durch ein Sieb gießen und beiseitestellen. Das Fleisch aus der Brühe nehmen und warm stellen.

• Die Butter in einem Topf erhitzen, Mehl einrühren und mit der heißen Brühe aufgießen. Unter Rühren 5 Minuten kochen. Sahne einrühren.

• Zum Servieren das Fleisch in Scheiben schneiden. Mit etwas Kümmelsoße begießen. Die restliche Soße separat reichen.
Beilage: Stampfkartoffeln mit Buttermilch (Seite 96).

750 g Hammelfleisch
(Schulter, Brust, Kamm)
Salz
1 l Wasser
1 Sellerieknolle (150 g)
1 Stange Porree
2 Möhren (130 g)
2 mittelgroße Zwiebeln
1 Knoblauchzehe
1 Lorbeerblatt
6 weiße Pfefferkörner
3 Gewürzkörner
1 EL gehackter Kümmel
50 g Butter
40 g Mehl
$1/8$ l Schlagsahne

Tollatschen

ergibt etwa 20 Stück

6 Semmeln
70 g Rosinen
¼ l frisches Schweineblut
70 g durchwachsener Speck
80 g Mehl
60 g Zucker
Salz
½ TL gemahlener Anissamen

1 gute Prise gemahlener
oder ¼ TL gerebelter
Thymian
1 ½ l Wurstbrühe

• Die Semmeln grob schneiden und in Wasser einweichen. Die Rosinen mit kochendem Wasser überbrühen, 2 Minuten ziehen lassen, herausnehmen, abtropfen lassen und leicht ausdrücken.
• Den Speck in feine Würfel schneiden.
• Die Semmeln ausdrücken und mit Schweineblut, Mehl, Zucker, etwas Salz, Rosinen, Speck sowie den Kräutern zu einem Teig verkneten. Klöße formen und in der Wurstbrühe gar ziehen lassen. Entweder man serviert sie warm oder lässt sie abkühlen, schneidet sie in Scheiben und brät sie in Schweineschmalz.
Beilage: Gedünstete Apfelspalten.

Hans Fallada schwärmte für Tollatschen. Seine innere Verbundenheit mit dem heimischen Menschenschlag zeigen seine Werke, in denen er auch mitunter auf die Mecklenburger Küche eingeht, so z. B. auf die »Tollatschen, das ist eben süße Blutwurst mit Rosinen und Mandeln gebraten. Sparsam genossen, sind sie ein recht schönes Schlachtessen!« In seiner Erzählung »Das Wunder der Tollatschen« beschreibt Fallada deren Zubereitung zu mitternächtlicher Stunde in der Gutsküche. Übrigens: Das Wort kommt vom slavischen »kolcz«, was soviel heißt wie »runder Kuchen.«

Gausbraden (Gänsebraten)

• Die Gans ausnehmen, abspülen, trocken tupfen und innen und außen mit Salz und Pfeffer einreiben. Das Innere mit gehacktem Beifuß ausstreuen. Äpfel vierteln, Kerngehäuse entfernen. Speck würfeln. Äpfel mit Speck, geriebenem Brot, Backpflaumen oder Kurpflaumen und Zucker mischen. Die Gans damit füllen, die Öffnung mit Küchengarn zunähen. Die Flügel in sich verschränken, die Keulen am Körper mit Küchengarn festbinden.

• Die Gans mit der Brust nach unten auf den Bratenrost legen. Die Fettpfanne mit ½ Liter heißem Wasser füllen und darunterschieben. Im vorgeheizten Backofen bei 200 Grad (Gas: Stufe 3; Umluft:180 Grad) etwa 60 Minuten braten.

• Dann den Vogel umdrehen und weitere 90 bis 120 Minuten braten. Zwischen Keulen und Brust die Haut zwischendurch einstechen, damit das Fett herausläuft. 10 Minuten vor Ende der Bratzeit die Temperatur auf 220 Grad (Gas: Stufe 3–4; Umluft :200 Grad) erhöhen. Die Haut mit etwas Salzwasser bestreichen. So wird sie schön kross. Die Gans warm stellen.

• Den Bratensatz mit kaltem Wasser in der Fettpfanne lösen, Fond durch ein Sieb in einen Topf seihen, eventuell das Fett abschöpfen. Bratenfond erhitzen. Mehl und Speisestärke mit 4 Esslöffeln Wasser verrühren, die Soße damit binden. 5 Minuten kochen lassen. Mit Salz und Pfeffer abschmecken.

Beilage: Salzkartoffeln, Rosenkohl oder Rotkohl (Seite 56).

Mecklenburger Gänse (früher Pommerngänse) sind wegen ihrer guten Qualität über die Landesgrenzen hinaus berühmt. Im Herbst, wenn die Getreidefelder abgeerntet waren, wurden die Vögel auf die verbliebenen Stoppeln getrieben. Deshalb nannte man sie auch Stoppelgänse. Dort nährten sie sich von den reichlich vorhandenen Getreidekörnern bis zum Martinitag am 11. November. Dann waren sie dick und fett, und das Gänseschlachten konnte losgehen. Das übernahmen auf den Gütern die Knechte. Die Frauen der Tagelöhner rupften die Vögel, dann wurden sie gesengt, ausgenommen und zerteilt. Für den Martinstag behielt man etwa 2 frische Gänse zurück, die anderen Tiere wurden gepökelt und geräuchert – das war die einzige und beste Haltbarmachung.

1 junge Gans (etwa 4 kg)
Salz
weißer Pfeffer
1 Bund Beifuß

Für die Füllung:
400 g säuerliche Äpfel
(z.B. Boskop)

50 g durchwachsener Speck
5 EL geriebenes dunkles
Roggenbrot
200 g Backpflaumen ohne
Stein oder Kurpflaumen
2 EL Zucker

Für die Soße:
$1/8$ l Wasser
1–2 EL Mehl
1 EL Speisestärke
frisch gemahlener weißer
Pfeffer

Gausfleisch mit Surkohl
(Gänsefleisch mit Sauerkohl)

Für den Sauerkohl:
1 Zwiebel
1 EL Schweine- oder
Gänseschmalz

600 g Sauerkraut
4 Wacholderbeeren
150 g durchwachsener
Speck
1 rohe Kartoffel
1 Prise Zucker
¼ l Wasser oder Brühe

Für das Gänsefleisch:
800 g küchenfertige Gänsebrust (ohne Knochen)
30 g Butterschmalz
Salz
weißer Pfeffer
Paprika rosenscharf
5 EL Kalbsbratenfond (Glas)
1/8 l trockener Weißwein
2 große Äpfel (200 g)
½ TL Butter
2 EL Crème fraîche

• Die Zwiebel schälen, grob würfeln und im bereits erhitzten Schmalz glasig werden lassen. Das auseinander gezupfte Sauerkraut und die Wacholderbeeren zufügen, durchschmoren und mit Wasser aufgießen. Speckwürfel oben auflegen. Zugedeckt bei kleiner Hitze 20 Minuten garen.

• Die Gänsebrust trocken tupfen. Butterschmalz in einer Pfanne erhitzen, die Brust mit der Fleischseite zuerst darin anbraten, mit Salz, Pfeffer und Paprika würzen. Mit Kalbsbratenfond und Weißwein ablöschen. Zugedeckt 30 Minuten schmoren.

• Dann zum Binden eine rohe Kartoffel in den Sauerkohl reiben. Einmal durchkochen und mit Salz, Pfeffer und etwas Zucker abschmecken. Die Äpfel schälen, Kerngehäuse ausstechen, Äpfel in Scheiben schneiden.

• Eine feuerfeste Form mit Butter einfetten, mit Apfelscheiben auslegen, die in Scheiben geschnittene Gänsebrust ohne Bratensatz darauf setzen und das Sauerkraut locker darüber verteilen.

• Noch 20 Minuten im vorgeheizten Backofen bei 200 Grad (Gas: Stufe 3; Umluft: 180 Grad) garen. Danach herausnehmen. Den Gänsebrustbratensaft mit wenig Wasser loskochen, Crème fraîche einrühren. Mit Salz und Pfeffer abschmecken. Die Gänsebrust mit dem Sauerkohl anrichten, Soße separat servieren.

Beilage: mehlig gekochte Salzkartoffeln.

Gänseklein

• Die Innereien gut säubern, abbrausen, kurz mit kochendem Wasser überbrühen. Mit den Gewürzen in Salzwasser aufkochen und abschäumen.

• Suppengrün putzen, waschen und grob schneiden. Die Zwiebel schälen und mit dem Suppengrün in die Brühe geben. Zugedeckt 2 Stunden kochen lassen. Das Lorbeerblatt sofort herausnehmen. Dann abgießen, die Brühe durchseihen.

• Das Gänseklein von Haut, Knochen und Knorpeln befreien. Das Fleisch zerkleinern. Butter aufschäumen lassen, das Mehl unter Rühren goldgelb werden lassen und mit ½ Liter Geflügelbrühe auffüllen; eventuell etwas Wasser zugeben. 5 Minuten kochen lassen. Schlagsahne einrühren, das Gänseklein hinzugeben und mit Salz, Pfeffer, Zitronensaft und Zucker abschmecken. Gehackte Petersilie unterheben.
Beilage: Salzkartoffeln oder Klöße (Seite 96).

🍲 **TIPP:** Sehr fein schmeckt das Gänseklein, wenn es vorher mariniert wird. Dazu ⅛ Liter Wasser, ¼ Liter Essig, 4 Esslöffel guter Rotwein (z. B. Bordeaux oder Rioja), 1 mit 3 Nelken gespickte Zwiebel, 1 Lorbeerblatt und 2 Pfefferkörner mischen und das Gänseklein (ohne die Leber) für einen Tag in die Beize legen. Dann mit der Beize aufsetzen, das Gemüse zugeben, und mit der Zubereitung weiter verfahren wie im Rezept angegeben.

🍲 **TIPP:** Früher wurden in manchen Küchen auch 2 in Viertel geschnittene geschälte Äpfel mit dem Gänseklein in der Soße mitgekocht und dann mit Zucker abgeschmeckt. Dafür kam keine Petersilie ins Essen, die gab es ja einst ohnehin nicht zu Weihnachten.

Gänseklein war schon immer ein praktisches Essen am Mittag des Heiligenabend. Das Gemüse bleibt in der Brühe und wird auf 1 ¼ Liter aufgefüllt. Die Knochen werden vom Fleisch entfernt, das Fleisch kommt wieder in die Brühe. Dann bleibt natürlich die helle Soße weg. Separat gibt es dazu gekochte Salzkartoffeln oder Reis. Aber die Zubereitung

600 g Gänseklein (Hals, Magen, Herz, Flügel von einer Gans)
Wasser
Salz
4 Gewürzkörner
4 weiße Pfefferkörner
1 kleines Lorbeerblatt
³/₈ l Wasser
1 großes Bund Suppengrün
1 Zwiebel
50 g Butter
40 g Mehl
100 g Schlagsahne
Salz
weißer Pfeffer
etwas Zitronensaft
1 Prise Zucker
1 Bund Petersilie, gehackt

eines Gänsekleingerichtes hängt längst nicht mehr vom Kauf einer Gans ab. Gänseklein gibt es frisch oder tiefgefroren zu kaufen. Und immer sind Magen, Herz und Leber dabei. Letztere sollten Sie nicht mit verwenden. Sie wird während der Garzeit hart, krümelig und bitter. Umso besser schmecken die Innereien in Butter gebraten.

Gänseklein mit Backobst

1,5 – 2 kg Gänseklein (Hals,
Magen, Herz, Flügel)
1 Bund Suppengrün (130 g)
1 Petersilienwurzel (100 g)
2 Möhren (120 g)
1 Stück Sellerieknolle
(150 g)
3 Gewürzkörner
250 g gemischtes Backobst
2 Gewürznelken
2 EL Zucker
1 EL Speisestärke

• Das Gänseklein gründlich waschen. Suppengrün und Gemüse waschen, putzen und in grobe Stücke schneiden. Das Gänseklein in kochendes Salzwasser geben, aufkochen und abschäumen. Das Suppengrün und die Gewürze zufügen. Zugedeckt bei mittlerer Hitze 60 Minuten garen. Das Gänseklein aus der Brühe nehmen und die Brühe durchseihen.
• Das Gänseklein häuten, Fleisch von den Knochen lösen, Fleisch in mundgerechte Stücke schneiden und warm stellen. Restliches Gemüse und Backobst, Gewürznelken und Zucker in die Brühe geben und noch 15 Minuten kochen. Das Fleisch zugeben. Die Brühe mit in wenig kaltem Wasser verrührter Speisestärke binden, aufkochen, süß-sauer abschmecken und warm stellen.

Wittsuergausfleisch
(Gänseweißsauer)

• Die Gänsekeulen abspülen und im Gelenk durchschneiden. Von den Flügeln nur die fleischigen Enden verwenden. Das Suppengrün waschen, putzen und klein schneiden. Die Zwiebeln abziehen und vierteln.

• Gänsekeulen, Flügel, Kalbsfüße oder –knochen, Suppengrün, Zwiebeln und Salz in einen großen Topf geben, mit Wasser bedecken, aufkochen und abschäumen. Die Gewürze zugeben. Zugedeckt bei kleiner Hitze etwa 75 Minuten köcheln.

• Das Gänsefleisch herausnehmen, abkühlen und die Haut entfernen. Die Brühe noch 60 Minuten leicht kochen. Alles durchseihen, Kalbsfüße oder -knochen entfernen. 1 Liter Brühe abmessen. Essig zugießen, die Brühe kräftig abschmecken, über die Gänsekeulen gießen, kalt stellen und erstarren lassen.

1 – 1,5 kg Gänsefleisch
(Keulen, Flügel)
1 Bund Suppengrün
2 mittelgroße Zwiebeln
(100 g)
2 Kalbsfüße oder 1,5 kg
Kalbsknochen (vom Schlachter grob zerteilen lassen)
1 EL Salz
Wasser
2 Lorbeerblätter
8 Pimentkörner
¼ l Essig

Zu Wittsuergausfleisch gibt es Bratkartoffeln oder kleine, runde, in Butterschmalz gebratene Kartöffelchen – wie man sie auch zu Grünkohl isst. Außerdem wird es stets begleitet von einer Gewürzgurke oder einem grünen Salat. Es gibt aber auch die Möglichkeit, Wittsuer braden (gebratenes, saures Gänsefleisch) zu verzehren: Vom Gänseweißsauer lässt man das Gelee ablaufen und fängt es auf. Die Gänsekeulen werden trocken getupft, rundherum mit Zucker bestreut und in Butterschmalz goldbraun braten. Das Bratfett in der Pfanne mit etwas Mehl verrühren und mit dem abgelaufenen, aufgefangenen Gelee auffüllen. Noch etwa 5 Minuten weiterbraten.

Swatsuer von't Gaus
(Schwarzsauer von Gänseklein)

300 g getrocknete Birnen
Zucker

Für das Gänseklein:
Salz
1 l Wasser
2 kg Gänseklein
einige Blättchen frischer
Majoran
3 Nelken
1 kleines Stück frisches
Lorbeerblatt
6 schwarze Pfefferkörner
1 Bund Suppengrün
1 Zwiebel
¼ l Gänseblut
1 gestrichener EL Mehl
2 EL Essig
1 EL Zucker

Für die Klöße:
125 g Mehl
1 Ei (Gr. M)
30 g Butter
2 EL Milch
1 Prise Salz

• Die getrockneten Birnen mit Zucker bestreut und mit Wasser bedeckt einweichen. Das Gänseklein putzen, waschen. Salzwasser mit Gänseklein aufkochen, abschäumen. Die Gewürze, das geputzte und kleingeschnittene Suppengrün und die geschälte, geviertelte Zwiebel zufügen. 60 Minuten bei kleiner Hitze garen.

• Die Birnen mit dem Einweichwasser und Zucker verrührt 15 Minuten garen. Das Gänseklein aus der Brühe nehmen. Das Fleisch und die Haut von den Knochen lösen, klein schneiden und warm stellen. Die Brühe durch ein Sieb gießen, mit Birnen und Fleisch mischen. Das Gänseblut aufkochen und mit etwas in Wasser verrührtem Mehl binden. 5 Minuten kochen und in die Brühe rühren. Mit Essig und Zucker süß-sauer abschmecken.

• Für die Klöße Mehl, Ei, Butter, Milch und Salz verrühren. Mit zwei angefeuchteten Teelöffeln kleine Nocken abstechen. In siedendes Salzwasser geben und 3 Minuten ziehen lassen. Herausheben und mit dem Gänse-Schwarzsauer mischen.

TIPP: Sollten Sie kein Blut zur Verfügung haben, können Sie eine dunkle Grundsoße bereiten und sie mit 1 Esslöffel Apfelkraut oder Rotwein, Essig und Zucker abschmecken.

Spickbost
(Gänse-Spickbrust)

• Vom Geflügelhändler den Knochen der Gänsebrust so herauslösen lassen, dass die Gänsebrusthälften noch gut zusammenhängen. Gänsebrusthälften mit Salz und Pfeffer einreiben und in ein Gefäß legen und etwa 7 Tage im Kühlschrank ruhen lassen. Dann herausnehmen und trocken tupfen. Die beiden Brustseiten zusammenklappen und seitlich mit einem Faden zunähen. Die Brust bei einem Schlachter im kalten Rauch eventuell unter Zugabe von Räucherspänen, Wacholderzweigen und Tannenzweigen räuchern lassen.

• Die Gänsebrust nach dem Räuchern auch kühl lagern, dann lässt sie sich zum Servieren besser in sehr dünne Scheiben schneiden.

 TIPP: Wenn nur grobes Salz verwendet wird, behält das Fleisch seine natürliche Farbe. Bei Verwendung von Pökelsalz – das verkauft Ihnen sicher Ihr Schlachter – wird das Fleisch rosa-rot.

1 Gänsebrust (1,4 kg) mit Knochen
100 g grobes Salz
weißer Pfeffer

Hirschsteaks Hubertus

2 mittelgroße Zwiebeln
250 g frische Pfifferlinge
3 EL Butterschmalz (60 g)
$^1/_8$ l trockener Weißwein
4 EL Brühe
je 4 Stiele Estragon
und glatte
Petersilienblätter
4 Hirschsteaks von je 160 g
4 schmale, durchwachsene
Speckscheiben (15 cm lang)
Salz
weißer Pfeffer

• Die Zwiebeln schälen und sehr fein hacken. Die Pfifferlinge nur trocken abtupfen oder mit einer Pilzbürste putzen. 2 Esslöffel Butterschmalz erhitzen, Zwiebeln darin glasig braten. Die Pilze zufügen, bei großer Hitze etwa 5 Minuten unter Wenden braten. Weißwein, Fleischbrühe, Estragonstiele und Petersilienblätter zugeben. 10 Minuten köcheln und dabei die Flüssigkeit fast verdampfen lassen. Die Pfifferlinge warm stellen.

• Die Hirschsteaks trocken tupfen, mit Speckscheiben seitlich umwickeln und mit Küchengarn festbinden. Auf jeder Seite 3 Minuten im restlichen heißen Butterschmalz anbraten und etwa 5 Minuten braten. Mit Salz und Pfeffer würzen. Die Steaks mit den Pilzen anrichten.

Beilage: Kartoffelpüree oder Salzkartoffeln.

Am 3. November, dem Tag des Heiligen Hubertus, dem Schutzpatron der Jäger, treffen sich die Jäger, um in besonders festlichem Rahmen ihrer Passion, der Jagd, nachzugehen. Zu dem sich anschließenden »Schüsseltreiben« passen die hier vorgestellten Gerichte hervorragend.

Rehrücken

• Für die Beize Buttermilch, Gewürze und Zitronensaft verrühren. Den Rehrücken häuten, unter kaltem Wasser abspülen und in die Beize legen. Zugedeckt über Nacht darin ruhen lassen. Eventuell zwischendurch wenden.

• Am nächsten Tag das Fleisch aus der Beize nehmen und trocken tupfen. Den Rehrücken in einen Bräter legen, mit Salz und Pfeffer einreiben. Thymianblätter und Rosmarinnadeln fein hacken und im Mörser zerdrücken. Pflanzen- und Olivenöl erhitzen und den Rehrücken damit begießen. Mit den Kräutern bestreuen.

• Den Braten mit den in dünne Scheiben geschnittenen Speckscheiben belegen. Im vorgeheizten Backofen auf der unteren Schiene bei 150 Grad (Gas: Stufe 1; Umluft: 130 Grad) 50–60 Minuten garen. Nach 10 Minuten die Brühe angießen. Hin und wieder mit Bratfond bestreichen. Den Bräter aus dem Backofen nehmen. Den Rehrücken warm stellen. Den Bratensatz mit wenig kaltem Wasser loskratzen und den Fond in einen Topf seihen. Rotwein und Schlagsahne einrühren. Eiskalte Butter einschlagen. Den Rehrücken vorsichtig von den Knochen lösen, die Fleischstränge schräg in fingerdicke Scheiben schneiden und wieder auf die Rippen setzen. Etwas Soße darübergeben und die restliche Soße separat reichen.

Beilagen: Gedünstete Wirsingviertel oder gemischte Pilze und Salzkartoffeln oder Semmelknödel (ohne Backobst, Seite 102).

TIPP: Sehr aromatisch schmeckt der Rehrücken, wenn Sie die Rückenfilets so vom Knochen schneiden, dass sie am äußersten Ende noch verbunden bleiben und vom Knochen weggeklappt werden können. Dann können Sie auch die Buttermilchmarinade weglassen und das Fleisch nur mit einer Marinade aus Kräutern und Öl bestreichen.

Das Fleisch des Rehwilds ist rotbraun und bei weiblichen Tieren feinfaserig und saftig. Durch die heutigen Tiefkühltechniken kann Wild das ganze Jahr über aufgetischt werden. Gourmets allerdings essen natürlich lieber frisches Rehwild. Fleisch von männlichen Tieren schmeckt am bes-

für 6 Personen
1 l Buttermilch
7 Wacholderbeeren
1 Lorbeerblatt
3 weiße Pfefferkörner
Saft von 1 Zitrone
1,5 kg küchenfertiger Rehrücken
Salz
schwarzer Pfeffer
Blätter von 6 Thymianstielen
1 Zweig Rosmarin, gehackt
je 3 EL Pflanzen- und Olivenöl
100 g geräucherter fetter Speck
$1/8$ l Fleischbrühe
5 EL Rotwein
100 ml Schlagsahne
30 g eiskalte Butter

ten von Mitte Mai bis Mitte Oktober – und zwar zwei Wochen nach dem Erlegen. Weibliches Rehwild ist von Anfang September bis Ende Januar besonders schmackhaft.

Hasenpastete

1 kg Hasenfleisch (Vorder- und Hinterläufe)
40 g Butterschmalz
Salz
frisch gemahlener weißer Pfeffer
1 große Zwiebel (120 g)
400 ml Wildfond (Glas)
300 g Kalbsleber
300 g fetter Speck im Stück
frisch gemahlener weißer Pfeffer
1 TL Kapern
200 g fetter Speck (von der Breitseite in dünne Scheiben geschnitten, am besten vom Schlachter schneiden lassen)

• Das Hasenfleisch abspülen, in kleinere Portionsstücke teilen, trocken tupfen und in heißem Butterschmalz rundherum anbraten. Dabei salzen und pfeffern.
• Zwiebel abziehen, vierteln und zufügen. Mit Wildfond auffüllen und etwa 45 Minuten garen.
• Inzwischen die Kalbsleber waschen, putzen, eventuelle Sehnen und Röhren entfernen. Speck grob würfeln.
• Dann das Hasenfleisch aus dem Fond nehmen und abkühlen lassen. Das Fleisch von den Knochen lösen. Hasenfleisch, Zwiebel, geputzte Kalbsleber und Speckwürfel durch den Fleischwolf (feine Scheibe) drehen. Alles gut mischen und mit Salz, Pfeffer und einigen gehackten Kapern sehr pikant abschmecken.
• Mit den Speckscheiben eine Kastenkuchen- oder Pastetenform auslegen. Die Fleischfarce einfüllen. Die Oberfläche glattstreichen. Die Pastetenform in eine mit Wasser gefüllte Fettpfanne setzen. Im vorgeheizten Backofen, 2. Schiene von unten, bei 180 Grad (Gas: Stufen 2 – 3; Umluft: 160 Grad) etwa 60 Minuten garen. Im ausgeschalteten Backofen abkühlen lassen. Mit einem spitzen Messer seitlich lockern, dann stürzen.
Beilagen-Tipp: Hagebuttensoße aus Hagebuttenmark (Reformhaus) und etwas Bratfond mit wenig aufgeschlagener Butter verrühren. Dazu Toastbrot servieren.

TIPP: Restlichen Fond in ein Glas seihen, zuschrauben und im Kühlschrank etwa eine Woche aufbewahren. Aber auch, indem man ihn einfriert, kann man für dauernden Vorrat sorgen: Dazu den Fond in einen Eiswürfelbeutel gießen, zubinden und einfrieren.

In Mecklenburg-Vorpommern ist viel Niederwild, also Kaninchen und Hasen, zu Hause. Früher lud man im Winter zu großen Treibjagden ein.

Die Treiber, Erwachsene und große Kinder, kamen und zogen, mit einem Stock bewaffnet, immer auf Sichtweite mit dem Nebenmann, durch die Wälder. Gegen jeden Busch und jeden Strauch wurde geklopft und dabei gerufen: »Has, Has!« Sobald der Hase sichtbar war, rief man:»Has up, Has up!« Mittags, nach getaner Arbeit, gab es die mitgebrachte Erbsensuppe aus dem Henkelmann. Danach ging das Treiben weiter, bis es dunkel wurde.

Hasenragout

• Für die Marinade das Suppengrün putzen, waschen und klein schneiden. Schalotten abziehen und würfeln. Den Rotwein mit Gemüse, Schalotten, Gewürzen und Thymian aufkochen und erkalten lassen.

• Die Hasenteile abspülen, trocken tupfen, in die Marinade legen und zugedeckt darin über Nacht ziehen lassen. Das Fleisch herausnehmen und trocken tupfen, in 1 ½ Esslöffeln heißem Butterschmalz scharf anbraten, mit Salz und Pfeffer würzen, herausnehmen und beiseitestellen.

• Das Gemüse aus der Marinade nehmen, abtropfen lassen und trocken tupfen. Zucker in das Bratfett streuen, auflösen lassen, restliches Butterschmnalz zugeben und alles verrühren. Das Gemüse darin anbraten. Tomatenmark einrühren und kurz anrösten. Nach und nach mit durchgeseihter Marinade, Rinderfond und Rotweinessig aufgießen.

• Das Fleisch zugeben und darin zugedeckt etwa 90 Minuten garen. 10 Minuten vor Ende der Garzeit den Deckel abnehmen, noch 5 Minuten köcheln.

• Inzwischen die Gurken fein würfeln und mit Crème fraîche unter das Fleisch rühren. Mit Essig, Salz und Pfeffer abschmecken.

Beilagen: Salzkartoffeln, Kopfsalat mit saurer Sahne (Seite 55) oder Specksalat (Seite 55).

🍲 **TIPP:** Wenn der Hase noch Herz und Leber hat, können diese Innereien gewürfelt und in Butterschmalz gebraten unter das Ragout gegeben werden.

Für die Marinade:

1 Bund Suppengrün
2 Schalotten
1 Flasche Rotwein
(z. B. Rotspon)
1 Lorbeerblatt
1 EL Pimentkörner
2 Nelken
1 Knoblauchzehe
Blätter von 1 Thymianzweig

Für den Hasen:

1 küchenfertiger Hase
Salz
weißer Pfeffer
3 TL Zucker
40 g Butterschmalz
2 EL Tomatenmark
¼ l Marinade
½ l Rinderfond
(aus dem Glas)
3 EL Rotweinessig
2 mittelgroße
Gewürzgurken
$^1/_8$ l Crème fraîche

Karnickelbraden
(Kaninchenbraten)

1 küchenfertiges Kaninchen,
1,6 kg, (am besten vom
Geflügelhändler zerlegen
lassen:
Kaninchenkeulen halbieren
und den Rücken in drei Teile
schneiden lassen)
weißer Pfeffer
aus der Mühle
Salz
40 g Butterschmalz
1 Zwiebel
1 EL Mehl
$1/8$ l heiße Brühe
$1/8$ l trockener Weißwein
¼ l Schlagsahne
½ Bund Majoran

• Die Fleischstücke pfeffern und salzen. In heißem Butterschmalz hellbraun anbraten. Die geschälte und gewürfelte Zwiebel zufügen und kurz mitbraten. Mehl darüberstäuben, alles wenden. Mit Brühe und Wein aufgießen. Zugedeckt etwa 45 Minuten schmoren lassen. Sahne und Majoranblättchen zufügen. Noch 10 Minuten ohne Deckel leicht köcheln. Mit Salz und Pfeffer abschmecken.

Beilagen: Snibbelbohnen in Melk (Seite 58) und Salzkartoffeln.

Braden von't wilde Swin
(Wildschweinbraten)

• Den Wildschweinrücken waschen und trocken tupfen, mit Salz und Pfeffer einreiben. In heißem Öl rundherum goldgelb anbraten. Etwa ein Drittel vom Fond und vom Bier zugießen. Salbei und Lorbeerblatt zufügen. Den Bräter in den auf 170 Grad (Gas: Stufe 2; Umluft: 150 Grad) vorgeheizten Backofen setzen und das Fleisch 30–40 Minuten braten. Zwischendurch wenden und restlichen Fond und Bier zugießen.

• Das Fleisch herausnehmen und warm stellen. Den Fond in einen Topf seihen und um die Hälfte einkochen. Johannisbeergelee und saure Sahne einrühren. Mit Salz, Pfeffer, Zucker und Zitronensaft kräftig abschmecken. Das Fleisch in Scheiben schneiden und mit der Soße anrichten.

Beilagen: Rotkohl (Seite 56), Semmelklöße (ohne Backobst, Seite 102) oder Kartoffelklöße von gekochten Kartoffeln (Seite 100).

800 g ausgelöster
Wildschweinrücken
einige Gewürznelken
Salz
weißer Pfeffer
3 EL Pflanzenöl
400 ml Wildfond
¼ l helles Bier
2 Stiele frischer Salbei
1 Lorbeerblatt
3 EL Johannisbeergelee
100 ml saure Sahne
1 kräftige Prise Zucker
Saft von ½ Zitrone

Notizen und weitere Rezepte:

HAUSSCHLACHTUNG –
Würste, Schmalz & Grieben

In Mecklenburg-Vorpommern war man früher Meister im Haltbarmachen. Gepökeltes, Geräuchertes und Mariniertes gab in der Küche der einfachen Leute den Ton an. Und da lag es nahe, durch Hausschlachtungen Wurst selbst herzustellen. Aber auch in den Guts- und Schlossküchen kamen fein geräucherte Delikatessen aus dem Vorratskeller. Schmalz jeglicher Art von der Gans oder vom Schwein waren die üblichen Abfallprodukte, die man mit Äpfeln, Gewürzen und Kräutern wohlschmeckend zuzubereiten verstand.

Auf dem Lande hat sich der Anteil der Hausschlachtungen längst reduziert. Trotzdem gibt es zunehmend mehr Menschen, denen die»Wurst nicht wurscht« ist. Sie wollen wissen, was in der Wurst drin ist. Jede Familie, die Hausschlachtungen durchführt, hatte ihr eigenes Rezepte, und das schon seit Generationen.

Die Monate November und Dezember eignen sich besonders fürs Schlachten. Sie sind daher seit je die typischen Schlachtmonate. Jeder kann sich heutzutage eine»Extrawurst« leisten. Man muss keinen Bauernhof haben, um einige Gläser Wurstiges in den Vorratskeller stellen zu können. Entsprechende Fleischangebote gibt es in den Schlachtmonaten in jeder Stadt.

Übrigens durfte schon zu Goethes Zeiten jeder Frankfurter Bürger 6 Schweine pro Jahr schlachten.

Von großer Wichtigkeit ist eine hervorragende Fleischqualität. Da ist der»Schlachter des Vertrauens« gefragt. Außerdem sind einwandfreie Utensilien wichtig, also Gläser, in die die Wurstmasse wandert. Und ein Topf zum Einkochen befindet sich fast in jedem Haushalt.

Leberwurst

ergibt etwa 6 – 8 Weck-
Gläser (Sturz-Form)
von je ½ l
1 kg fetter Schweinebauch
50–60 g Salz
3 Zwiebeln
1 ½ EL Öl
1 kg Schweineleber
1 TL Pastetengewürz
1 TL Fleischextrakt
je 1 Prise weißer Pfeffer
Majoran und Nelkenpfeffer

• Das Bauchfleisch, eine geschälte, geviertelte Zwiebel und Salz mit Wasser bedeckt aufsetzen und 1 ½ Stunden bei mittlerer Hitze kochen. Inzwischen die beiden Zwiebeln schälen, fein hacken und in heißem Öl glasig werden lassen. Herausnehmen und beiseitelegen.

• Die Schweineleber putzen, waschen und 10 Minuten vor Ende der Garzeit in die Brühe legen, damit sie, bis sie weißlich wird, mitziehen kann. Danach die Leber und das Bauchfleisch aus der Brühe nehmen. Vom Schweinebauch die Schwarte abtrennen. Das Fleisch halbieren. Eine Hälfte mit der Schwarte durch den Fleischwolf drehen. Die in Stücke geschnittene Leber durchdrehen. Die gedünsteten Zwiebeln und das Fleisch zusammen noch einmal durch den Wolf drehen. Die zweite Hälfte des Fleisches (ohne Schwarte) in kleine Würfel schneiden und unter die durchgedrehte Masse rühren. ¼ Liter durchgeseihte Fleischbrühe zugeben, tüchtig durchkneten und 10 Minuten stehen lassen.

• Die Gewürze mit 2 Esslöffeln Wurstbrühe verrühren und unter die Fleischmasse geben. Die vorbereiteten Sturz-Gläser halbhoch füllen, mit Deckeln und Klammern verschließen, in den mit Wasser nach Vorschrift gefüllten Einkochtopf stellen und bei 100 Grad 2 Stunden einkochen.

Mettwurst

• Fleisch und Rückenfett von Sehnen befreien. Beides in grobe Würfel schneiden und zweimal durch den Fleischwolf drehen. Den Teig mit Zucker, Salz, Pfeffer und Thymian würzen. Diese Masse in einen passenden Darm füllen, zubinden und räuchern lassen.

ergibt etwa 3–4 Würste je 500 g

1 kg mageres Schweinefleisch
250 g Rückenspeck
1 EL Zucker
1 TL frisch gemahlener weißer Pfeffer
2 EL Salz
¼ TL Thymian, gerebelt
Naturdarm

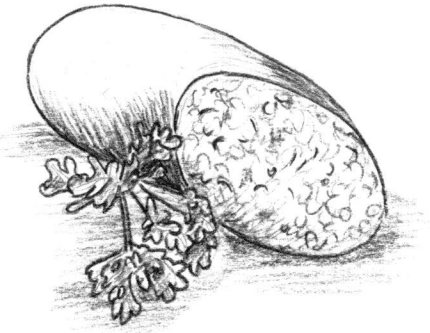

Blutwurst

• Die Schwarten etwa 2 Stunden wässern. Zwischendurch das Wasser wechseln. Die Zwiebeln schälen, würfeln und in Öl glasig dünsten. Die Schwarten, mit Wasser bedeckt, in einem großen Topf aufsetzen, aufkochen, abschäumen, dann Salz zufügen. Das abgespülte Wellfleisch und den Bauchspeck hinzugeben. Bei schwacher Hitze zugedeckt 1 ½ Stunden köcheln lassen. Die Schwarten nach 1 Stunde herausnehmen. Die Hälfte davon zweimal durch den Fleischwolf drehen und sofort mit dem Blut verrühren.
• Die andere Hälfte, den Speck und das Wellfleisch in kleine Würfelchen schneiden, mischen, würzen und 15 Minuten ruhen lassen. Mit dem Blut und ¼ Liter Schweinefleischbrühe verrühren. Mit Salz und den Gewürzen abschmecken. Die Masse 20 Minuten ruhen lassen, damit sie auskühlen kann. Zum Einfüllen noch einmal durchkneten. Die vorbereiteten Sturz-Gläser zu dreiviertel füllen. Mit Deckeln und Klammern verschließen, in den nach Vorschrift mit Wasser gefüllten Einmachtopf stellen und bei 100 Grad etwa 2 Stunden einkochen. Dann in dem Einmachtopf auskühlen lassen.

ergibt etwa 6–7 Weck-Gläser (in Sturz-Form) von je ½ l

500 g Schweineschwarten
1 mittelgroße Zwiebel
2 TL Öl
50 g Salz
1 kg Wellfleisch (oder Schweinehals)
500 g frischer Bauchspeck
¾ l Schweineblut
¼ l Schweinefleischbrühe
¼ TL getrockneter Majoran
3 Prisen Nelkenpfeffer
¼ TL Pastetengewürz

Apfelgrieben

4 säuerliche Äpfel
2 Zwiebeln (100 g)
500 g Schweinefett
(Flomen)
1 Stängel Majoran
2 Stiele Thymian
1 gute Prise Nelkenpfeffer

• Die Äpfel abspülen, trocken tupfen. Stiele und Blüten entfernen. An der Stelle, an der die Blüten saßen, kreuzweise einschneiden, damit der apfelige Geschmack ins Schmalz zieht. Zwiebeln schälen und halbieren oder vierteln.

• Schweinefett in kleine Würfel schneiden, langsam ausbraten. Sobald die Würfel gelblich werden, die Äpfel und Zwiebelhälften zugeben. Die Kräuter und Nelkenpfeffer einrühren. So lange köcheln lassen, bis das flüssige Fett kocht. Dann durch ein Sieb in ein Porzellangefäß (mit Deckel) oder einen Steintopf gießen. Speckgrieben, Apfel- und Zwiebelstücke mit etwas Salz mischen und grob pürieren, in das Fett rühren, erkalten und abkühlen lassen. Danach den Deckel auflegen oder mit Folie verschlossen kühl stellen.

TIPP: Wer mag, braucht das Fett nicht durchzuseihen. Dann sind die Äpfel und Zwiebel in Stücken in den Apfelgrieben enthalten.

Gänseschmalz Großmutter Åbo

500 g Gänseflomen
(Schmer)
125 g Schweineflomen
1 mittelgroße Zwiebel
1 mittelgroßer Apfel
1 Zweig Thymian

• Gänse- und Schweineflomen in große Würfel schneiden. In einem Topf langsam goldgelb ausbraten lassen. Die Zwiebel schälen. Den Apfel abspülen und völlig trocken tupfen. Zusammen mit der Zwiebel und dem Thymianzweig in das Schmalz geben. Sobald die Zwiebel braun geworden ist, Zwiebel, Apfel und Thymianzweig entfernen. Das Gänseschmalz durch ein Sieb streichen. Zum Festwerden in ein Porzellangefäß (mit Deckel) oder einen Steintopf gießen und erstarren lassen. Danach den Deckel auflegen oder mit Folie verschließen.

Gänseschmalz auf meine Art

• Das abgeschöpfte Gänsefett zusammen mit dem zerlassenen Schweineschmalz erhitzen. Zwiebeln schälen und würfeln. Zum Fett geben und 20 Minuten bei kleiner Hitze köcheln lassen.

• Inzwischen die Äpfel schälen, Kerngehäuse entfernen und die Äpfel würfeln. Beifußblättchen vom Stängel zupfen und mit den Apfelwürfeln in das Schmalz rühren. Salzen und in einem Porzellangefäß (mit Deckel) bei Raumtemperatur erkalten lassen. Danach eventuell den Deckel draufsetzen oder mit Folie verschließen.

Schmalz, ob Apfel- oder Gänseschmalz, ist in Mecklenburg-Vorpommern ein passender Aufstrich für Vollkornbrot mit Mettwurst, Leber- und Blutwurst oder Tollenser Käse.

500 g Gänsefett (nach dem Braten abgeschöpftes Fett)
250 g Schweineschmalz
3 Zwiebeln

1 Stängel Beifuss
2 säuerliche Äpfel
1 Prise Salz

Schmalz mit Backpflaumen

• Flomen und Speck in Stücke schneiden und durch den Fleischwolf drehen. Zusammen mit einer Tasse Wasser in einen Topf geben und unter Rühren langsam erhitzen, bis das Fett flüssig ist.

• Kurpflaumen in kleine Stücke schneiden und in den Topf zum Fett geben. Einmal aufkochen lassen. Mit Salz würzen und in ein Porzellangefäß oder kleinen Steintopf geben. Abgekühlt in den Kühlschrank stellen.

Ein Rezept, das meine Großmutter immer in der Adventszeit zubereitete. Besonders gut finde ich den Geschmack, wenn man das Schmalz mit süßem Brot, also Kuchenbrot, beziehungsweise Stuten oder Klöben (ohne Rosinen) isst.

500 g Schweineflomen
150 g frischer fetter Speck
125 g Kurpflaumen
3 TL Salz

Notizen und weitere Rezepte:

KARTOFFELN & KLÖSSE –
Mehlig & heiß begehrt

Was wären all die beschriebenen Gerichte ohne Beilage, besser gesagt, ohne die Kartoffel? Sie spielt in der Küche von Mecklenburg-Vorpommern eine wichtige Rolle. Die im 18. Jahrhundert von Friedrich dem Großen eingeführte Kartoffel erlangte hier Landesküchenbedeutung.

Gleich mehrere Namen – wie Kartüffeln, Kantüffel, Ketüffel, Tüfft, Tüffel – erhielt die heiß und innig geliebte Knolle. Aus Friedrichs Kartoffeln, die anfangs angeblich »kein Hund freten wull«, entstanden rund 50 Kartoffelgerichte. Ob als trockene Kartoffeln, nur mit Soße und Schinken und Speck, oder als Stampfkartoffeln mit Buttermilch, belegt mit knusprigen goldbraunen Zwiebelringen, oder als Kartoffeln mit Birnen oder Heringskartoffeln – immer wieder und immer wieder anders gehört die Kartoffel auf den Speisezettel. Die Kartoffel aus Mecklenburg und Vorpommern ist gelbfleischig, mehlig und zergeht auf der Zunge. Sie ist von herber Süße. So mag man hier dieses Produkt. Trocken gedämpfte Kartoffeln – geeignet sind besonders die mehlig kochenden Sorte Adretta, Likaria und Aula – schmecken zu Speckstippe, Pökelfleisch, Schinkenbraten, zu Kochfisch mit Petersiliensoße oder Kartoffelsuppe. Auch für die berühmte Kartoffeltorte und für Klöße aller Art wird sie verwendet. Für Kartoffelsalat, Majorankartoffeln, Kartoffeln mit Milch oder mit Äpfeln, Heringskartoffeln oder Kartoffelpfannkuchen eignen sich besser die vorwiegend fest kochenden Sorten, wie Liu, Karat, Secura, Agria und Granola. Je nach Gericht kann die geeignete Sorte ausgewählt werden.

Übrigens: Es sollte nicht vergessen werden, dass vor der Kartoffel-Einführung Klöße, besonders Mehlklöße, hoch in der Gust der Bevölkerung standen. Sie waren eine landestypische Spezialität. Dem Deftigen angepasst, sind auch die Knödel, die hier»Klüten« heißen, nicht weich und zart, sondern fest und hart und aus Roggenmehl. Mittlerweile hat sich auch das geändert.

Stampfkartoffeln mit Buttermilch

1 kg Kartoffeln,
mehligkochende Sorte
Salz
50 g weiche Butter
120 g Zwiebeln
150 g durchwachsener
Speck
1 gehäufter EL Mehl
½ l Buttermilch
Salz
weißer Pfeffer
geriebene Muskatnuss

• Die Kartoffeln schälen, vierteln, in Salzwasser garen, abgießen, trocken dämpfen und ohne Flüssigkeitszugabe zerstampfen. Butter unterrühren und warm stellen.
• Die Zwiebeln schälen und würfeln. Speck in einer Pfanne auslassen. Die Zwiebeln darin goldgelb braten, das Mehl einrühren. Mit Buttermilch aufgießen. Unter die Kartoffeln rühren. Mit Salz, Pfeffer und Muskatnuss abschmecken.
Beilage: Hammelfleisch mit Kümmelsoß (Seite 73).

Wenn die Stampfkartoffeln als Hauptgericht serviert wurden, gab man die zerstampften Kartoffeln auf einen Teller und goss sich die Buttermilch selbst darüber.

Kartoffelkloß in der Serviette

2 altbackene Semmeln
¼ l Wasser oder Milch
200 g Butter
500 g gekochte
Pellkartoffeln
6 Eigelb (Gr. M)
Salz
geriebene Muskatnuss
Butter zum Einfetten
Mehl zum Bestreuen

• Die Semmeln in Wasser oder Milch einweichen. Kartoffeln schälen und reiben. 100 Gramm Butter, die Kartoffeln und Eigelb gut verrühren. Die gut ausgedrückten Semmeln unterkneten. Mit Salz und Muskat würzen.
• Eine große Serviette mit etwa 40 Gramm Butter ausstreichen und mit Mehl bestäuben. Die Kloßmasse einfüllen. Einen Topf mit Salzwasser aufkochen lassen, die Serviette über Eck über dem Teig zusammenschlagen und verknoten. Freihängend mit Hilfe von Küchengarn an einen Kochlöffel gebunden in einem mit siedendem Wasser gefüllten Topf etwa 20 Minuten zugedeckt garen. Dann aus der Serviette nehmen und in einer Schüssel anrichten.
• Restliche Butter leicht bräunen und über den Kloß gießen. Zum Servieren in tortenähnliche Stücke schneiden.

Hefekartoffeln

- Die Kartoffeln gründlich abbürsten, waschen und in der Schale kochen. Mit kaltem Wasser abschrecken, noch warm pellen und in Scheiben schneiden.
- Die Zwiebeln schälen und fein würfeln. Die Margarine zerlassen und die Zwiebeln darin glasig braten. Mit Mehl bestäuben, unter Rühren hellgelb bräunen. Mit heißer Fleischbrühe und Milch (2 Esslöffel beiseite stellen) ablöschen. 10 Minuten durchkochen.
- Die in etwas beiseite gestellter Milch aufgelöste Hefe zugeben und unterrühren. Nicht mehr kochen. Die Soße mit Salz würzen. Die Schnittlauchröllchen unterheben.
- In eine flache, leicht gefettete Auflaufform abwechselnd Kartoffelscheiben und Soße geben. Butterflöckchen obenauf setzen. Im vorgeheizten Backofen bei 170 Grad (Gas: Stufe 2; Umluft: 150 Grad) etwa 40 Minuten backen. Sofort servieren.
Beilagen-Tipp: Specksalat (Seite 55).

750 g Kartoffeln, festkochende Sorte
5 Zwiebeln
50 g Margarine
40 g Mehl
je ¼ l Fleischbrühe und Milch
1 Würfel Hefe (40 g)
2 EL Milch
Salz
3 Eier (Gr. M)
1 Bund Schnittlauchröllchen
40 g Butterflöckchen

Heringskartoffeln

- Die Heringsfilets voneinander trennen und über Nacht zugedeckt wässern. Am nächsten Tag die Kartoffeln gründlich waschen und in der Schale kochen, abgießen, kurz kalt abschrecken, rasch warm pellen und warm stellen.
- Die Heringsfilets abtropfen lassen und in feine Würfel schneiden. Geschälte Zwiebeln und Speck würfeln. Speckwürfel auslassen, Zwiebeln darin glasig werden lassen. Mehl einrühren und unter Rühren leicht anschwitzen. Mit Brühe und Essig aufgießen. 5 Minuten unter Rühren kochen lassen. Dann die Heringsstücke mit den ganzen Kartoffeln unterheben. Vorsichtig durchschwenken, alles heiß werden lassen und abschmecken.
Beilage: kalt aufgeschnittener oder auch wieder aufgewärmter Braten, z.B. vom Sonntag.

8 küchenfertige Salzherings-Doppelfilets
1 kg kleine Kartoffeln (z.B. kleine Grünkohlkartoffeln)
2 Zwiebeln
125 g durchwachsener Speck
3 EL Mehl
½ l Fleischbrühe (frisch gekocht oder Fertigprodukt)
2 – 3 EL Essig, nach Geschmack
weißer Pfeffer

Tüfften un Backbeern
(Kartoffeln mit Backbirnen)

375 g getrocknete Birnen

(Backbirnen)
¾ bis 1 l Wasser
600 g durchwachsener
Speck
750 g Kartoffeln,
mehligkochende Sorte
Salz
weißer Pfeffer

• Backbirnen über Nacht mit Wasser bedeckt einweichen. Am nächsten Tag das Einweichwasser aufkochen und den Speck hineingeben. Zugedeckt etwa 30 Minuten bei kleiner Hitze garen.
• Die Backbirnen zugeben und weitere 30 Minuten sanft garen.
• Die Kartoffeln schälen, in Stücke schneiden und separat in Salzwasser garen. Danach abgießen und unter das Obst heben. Noch einmal kurz aufkochen lassen. Eventuell mit Salz und Pfeffer abschmecken. Vor dem Servieren den Speck in Scheiben schneiden und mit den Kartoffeln und Birnen servieren.

TIPP: Für »Tüfften un Backbeern« können im Spätsommer, zur Birnenzeit, natürlich auch frische Birnen verwendet werden. Und statt der Backbirnen schmecken im Winter auch getrocknete Äpfel. Dann sollte das Gericht zusätzlich mit Zucker gesüßt werden.

Suer Tüfften
(Saure Kartoffeln)

1 kg Kartoffeln,
festkochende Sorte
125 g durchwachsener
Speck
1 Zwiebel
3 EL Mehl
125 ml Essig
½ l Fleischbrühe
3–4 EL Zuckerrübensirup
weißer Pfeffer
Salz

• Die Kartoffeln abbürsten und mit Schale in Wasser gar kochen. Den Speck würfeln, die Zwiebel schälen und fein schneiden. Den Speck in einem großen flachen Topf auslassen und die Zwiebelwürfel darin glasig werden lassen.
• Mehl einrühren und hellgelb schwitzen. Mit Essig und Wasser ablöschen und 5 Minuten kochen. Den Sirup einrühren. Mit Pfeffer und Salz abschmecken. Die Kartoffeln abgießen, trocken dämpfen und in Scheiben schneiden. Die Soße über die Kartoffeln gießen und vorsichtig mischen.
Beilagen-Tipp: dünne Scheiben geräucherten Schinkens.

Schmantkartoffeln

• Die Kartoffeln gründlich waschen und in der Schale garen. Dann abgießen, mit kaltem Wasser kurz abschrecken, heiß pellen, in Scheiben schneiden und warm stellen.

• Den Speck würfeln und ausbraten. Die Zwiebel schälen, würfeln und im Speckfett glasig werden lassen, mit Mehl bestäuben, kurz durchschwitzen und mit Fleischbrühe aufgießen. 5 Minuten kochen lassen. Mit Salz und Pfeffer würzen. Majoranblättchen und Schmant unterheben. Die Kartoffelscheiben unter die Sahnemasse heben. Bei kleiner Hitze (besser im warmen Wasserbad) vorsichtig durchwärmen.

Beilagen-Tipp: Dazu gab es früher Scheiben von Rügenwalder Teewurst und Salzgurken.

Schmant ist eine alte bäuerliche Bezeichnung für saure Sahne. Heute verstehen wir darunter löffelfesten oder stichfesten Sauerrahm beziehungsweise saure Sahne mit mindestens 20 % Fettgehalt.

1 kg kleine Kartoffeln, überwiegend festkochende Sorte
125 g durchwachsener Speck
2 Zwiebeln
30 g Mehl
½ l Fleischbrühe
Salz
weißer Pfeffer
Blätter von 4–5 Majoranstielen
$^1/_8$ l Schmant

Kartoffelklöße

2 kg große Kartoffeln,
mehligkochende Sorte
3 Semmeln
50 g Butterschmalz
100 ml heiße Milch
Salz

• Für die Klöße 1 ½ Kilogramm Kartoffeln am Tag zuvor schälen und in eine Schüssel mit kaltem Wasser reiben. Am nächsten Tag das Wasser vorsichtig abgießen und so oft erneuern, bis es klar ist. In einem Leinentuch gut ausdrücken. Die restlichen 500 Gramm Kartoffeln ebenfalls schälen und würfeln und zusammen mit den rohen Kartoffelresten, die beim Reiben übrig bleiben, in Wasser garen. Dann das Kochwasser zu zwei Dritteln abgießen. Alles mit den geriebenen Kartoffeln und der Milch zu einem Kartoffelbrei verrühren und mit Salz abschmecken.

• Semmeln klein würfeln und in einer Pfanne in heißem Butterschmalz goldgelb rösten. Aus dem Kloßteig tennisballgroße Klöße formen und in deren Mitte einige Brötchenwürfel drücken. Salzwasser erhitzen und die Klöße darin portionsweise etwa 20 Minuten gar ziehen lassen. Die Klöße mit einer Schaumkelle herausheben, in eine Porzellanschüssel setzen und warm stellen.

Handklöße

• Kartoffeln abbürsten, waschen und in Salzwasser weichkochen. Danach schälen, mit dem Kartoffelstampfer fein zerstampfen (nicht mit den Quirlen des Handrührgerätes!) und warm stellen. Das Weißbrot grob schneiden, in Milch einweichen und mit dem Pürierstab fein zerkleinern. Eier zugeben und einrühren. Mehl nach und nach unterheben. Das warme Kartoffelpüree, Muskatnuss, Thymian und Salz zufügen. Nacheinander 12 Klöße von etwa 100 Gramm formen, zwischendurch in Speisestärke wenden.

• 2 Liter Wasser, 1 Prise Salz und 1 Esslöffel Zucker aufkochen und darin die Klöße portionsweise 15–18 Minuten gar ziehen lassen. Dann mit einem Schaumlöffel herausnehmen, gut abtropfen lassen und in eine Schüssel, in der eine umgedrehte Untertasse liegt, setzen.

• Speck und geschälte Zwiebel würfeln. Speck auslassen und die Zwiebeln darin goldgelb braten. Zum Servieren über die Klöße geben.

TIPP: Ein Kilogramm roher Kartoffeln entspricht etwa 2 Händen voll durch ein Sieb gestrichener, gekochter Kartoffeln.

Klöße waren in Mecklenburg und Vorpommern Bestandteil sowohl der einfachen als auch der gehobeneren Küche. Die Zutaten hatte die Hausfrau im wahrsten Sinne des Wortes im Handgriff.

1 kg Kartoffeln,
mehlig kochende Sorte
2 Hände (300 g) Weißbrot
oder Semmeln
100 ml Milch
2 Eier (Gr.M)
2 Hände Mehl (150 g)
geriebene Muskatnuss
1 TL frischer oder ½ TL
getrockneter Thymian
Salz
1 EL Zucker
Speisestärke zum Wälzen
150 g durchwachsener
Speck
2 Zwiebeln

Semmelklöße mit Backobst

Für das Backobst:
500 g Backobst (Apfel, Birnen, Pflaumen, Aprikosen, eventuell Kirschen)

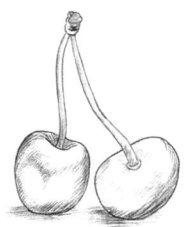

Zucker
1 ¼ l Wasser
Für die Klöße:
500 g Semmeln
⅛ l Milch
80 g Butter
25 g Zucker
4 Eier (Gr.M)

Außerdem:
1 kleine Zimtstange
Schale einer ½ Bio-Zitrone

• Am Vortag Backobst gründlich waschen, das Wasser abgießen. Wasser und Zucker gut verrühren und das Backobst damit bedeckt einweichen.

• Am nächsten Tag die Kruste von den Semmeln abschneiden und klein würfeln. Restliches Brot ebenfalls würfeln und in Milch einweichen. 30 Gramm Butter erhitzen und die Krusten unter Wenden darin anrösten. Die restliche Butter, Zucker, Eier und Salz verrühren. Brot und angeröstete Krusten zufügen. Alles sehr gut verkneten. Daraus 8 einzelne Klöße oder einen großen Kloß formen. Das Backobst mit dem Einweichwasser, der Zitronenschale und der Zimtstange in einen großen Topf geben – das Wasser sollte zwei Finger breit über dem Obst stehen. Die Klöße oder den großen Kloß darauf setzen, zudecken, aufkochen und 50 Minuten bei mittlerer Hitze garen.

• Nach 30 Minuten Garzeit die Klöße oder den Kloß vorsichtig umdrehen. Anschließend herausnehmen, den großen Kloß in dicke Scheiben schneiden. Die Scheiben oder die einzelnen Klöße mit dem Backobst anrichten.

Beilage: Kloppschinken (Seite 70), grüner Salat.

TIPP: Man kann auch das Backobst separat weich kochen und zum Schluss mit etwas in Wasser verrührter Speisestärke sämig machen. Möglich ist es auch, den Kloß oder die Klöße in 2 Liter Fleischbrühe, mit einem Stückchen Lorbeerblatt und 2 halbierten kleinen Zwiebeln gar ziehen lassen.

KUCHEN & KLEINGEBÄCK –
Wenig & gut

»Von Kuchen weiß man bey uns nicht viel«, bemerkte ein Chronist des 19. Jahrhunderts, und es scheint, als hätte er dies nicht einmal sehr bedauert! Mangelte es an Zeit, Kuchen zu backen? Oder waren die Fleischgerichte, die süß bis süßsauer abgeschmeckt wurden, ausreichend? Vielleicht wurde ja auch eine Mahlzeit, der Nachmittagskaffee, ausgelassen. Jedenfalls in der Woche. Und die arbeitende Bevölkerung konnte für »Kaffeekränzchen« kein Interesse entwickeln.

Es tauchen immer wieder die gleichen Kuchen- und Tortensorten auf, auch in den Bäckereien. Wir nehmen es einfach so hin und erfreuen uns an dem Wenigen, aber Guten.

Übrigens soll das Kommissbrot in Vorpommern seinen Ursprung haben. Als Wallenstein im Jahre 1628 die Stadt Stralsund belagerte, schien es, als ginge seinen Truppen die Verpflegung aus. Der Feldherr setzte daraufhin Proviantkommissionen ein, in deren Auftrag die Bäcker in Brot backen mussten. Es wurde Kommissionsbrot genannt. Aus dieser Bezeichnung entwickelte sich später, so wird berichtet, das Kommissbrot.

Brottorte

ergibt 12 Stücke

Für den Teig:
12 Eigelb (Gr. M)
250 g Zucker
250 g geriebene Mandeln
abgeriebene Schale von
1 Bio-Zitrone
50 g geriebene Halbbitter-
oder Vollmilchschokolade
(je nach Geschmack)
1 EL gemahlenen Zimt
125 g fein geriebenes
Schwarzbrot
(z. B. Roggenbrot)
12 Eiweiß (Gr. M)

Zum Bestäuben:
Puderzucker

• Eigelb und Zucker schaumig schlagen. Mandeln zufügen und die Masse weißcremig rühren. Zitronenschale und Schokolade, Zimt und Schwarzbrot unterheben.
• Eiweiß in einer Schüssel mit dem Handrührgerät (Quirl) schnittfest schlagen und unter die Masse heben. In eine nur am Boden leicht gefettete Springform (26 Zentimeter Durchmesser) geben.
• Im vorgeheizten Backofen, untere Schiene, bei 180 Grad (Gas: Stufe 2 – 3; Umluft: 160 Grad) 50 – 60 Minuten backen. Im ausgeschalteten Backofen auskühlen lassen. Zum Servieren mit Puderzucker bestäuben.

TIPP: Das Schwarzbrot am besten in einen heißen Backofen legen, damit es darin ca. 5 Minuten trocknen kann. Dann abkühlen lassen und mit einem Blitzhacker fein zerkleinern.

Kartoffeltorte

• Die Kartoffeln in der Schale weichkochen. Die Zitrone abreiben und auspressen. Zucker und Eigelb weißcremig schlagen. Bittermandel-Aroma, Mandeln, Zitronenschale, 2 Esslöffel Zitronensaft, Salz, Weinbrand und Grieß mit Backpulver vermischt unterrühren.

• Die Kartoffeln abgießen, trocken dämpfen, pellen, mit dem Handrührgerät cremig rühren und mit der Eigelbmasse mischen. Eiweiß schnittfest schlagen und unter die Kartoffelmasse heben. Eine Springform (26 Zentimeter Durchmesser) mit Backpapier auslegen und mit Mandeln oder Grieß ausstreuen.

• Den Teig einfüllen und im vorgeheizten Backofen auf der unteren Schiene bei 180 Grad (Gas: Stufen 2–3; Umluft: 160 Grad) 35 Minuten backen. Dann aus der Form nehmen und abkühlen lassen.

• Für den Guss Puderzucker und Zitronensaft glattrühren. Die Torte damit bestreichen und 12 Tortenstücke markieren. Ein Marzipankartöffelchen auf jedes Tortenstück setzen.

🎂 **TIPP:** Der Kuchen kann auch ohne Garnierung, einfach frisch aus dem Ofen, mit einer Frucht- oder Weinschaumsoße serviert werden.

ergibt 12 Stücke

400 g Kartoffeln, mehlig kochende Sorte

1 Bio-Zitrone

150 g Zucker

5 Eigelb

3 Tropfen Bittermandel-Aroma

50 g geriebene süße Mandeln

1 Prise Salz

½ EL Weinbrand

50 g feiner Grieß

½ gestrichener TL Backpulver

5 Eiweiß

geriebene Mandeln oder Grieß zum Ausstreuen

Für den Guss:

200 g Puderzucker

Saft von 1 Bio-Zitrone

12 kleine Marzipankartoffeln (fertig gekauft)

Eierplätzchen

ergibt etwa 50 Stück
200 g Butter
4 hartgekochte Eigelbe
1 rohes Ei (Gr. M)
250 g Puderzucker
80 g geriebene Mandeln
2 EL Arrak oder Rum
1 Prise Salz
1 Messerspitze geriebene
Muskatnuss
abgeriebene Schale von
½ Bio-Orange
250 g Mehl
2 kleine Eigelbe
abgezogene, halbierte Mandeln oder Mandelblättchen

• Die Butter in einer Schüssel schaumig rühren. Das durch ein Sieb gestrichene Eigelb, das rohe Ei, Puderzucker, Mandeln, Arrak, Gewürze und Mehl zugeben und mit dem Handrührgerät (Knethaken) zu einem geschmeidigen Teig verarbeiten. Den Teig auf leicht bemehlter Arbeitsfläche etwa 1 Zentimeter dick ausrollen und in verschiedenen Größen kleine runde Plätzchen ausstechen. Nicht zu dicht auf ein mit Backpapier ausgelegtes Backblech setzen. Die Oberflächen mit verquirltem Eigelb bestreichen und mit den halbierten Mandeln oder Mandelblättchen garnieren.
• Im vorgeheizten Backofen auf der mittleren Schiene bei 180 Grad (Gas: Stufen 2–3; Umluft: 160 Grad) 8–10 Minuten backen. Dann vom Blech nehmen und auf einem Kuchengitter auskühlen lassen.

Platenkauken mit Streusel
(Streuselkuchen vom Blech)

• Das Mehl in eine Schüssel geben. In die Mitte eine Mulde drücken. Die zerbröckelte Hefe mit dem Zucker hineingeben, mit etwas Buttermilch und etwas Mehl vom Rand verrühren. Zugedeckt 20 Minuten warm stellen. Dann die übrigen Zutaten zufügen und alles mit dem Handrührgerät (Knethaken) zu einem geschmeidigen Teig verkneten, bis er sich vom Schüsselrand löst. Nochmal 30 Minuten zugedeckt gehen lassen. Für die Streusel Butter schmelzen. Mehl und die übrigen Zutaten mischen, Fett tropfenweise zugeben und mit dem Knethaken mischen, sodass kleine Streusel entstehen.

• Den Teig auf einem mit Backpapier ausgelegtem Backblech ausrollen. Mit Butter bestreichen. Die Streusel auf dem Teig gleichmäßig verteilen.

• Den Kuchen im vorgeheizten Backofen auf der mittleren Schiene bei 200 Grad (Gas: Stufe 3; Umluft: 180 Grad) 25 – 30 Minuten backen. Völlig auskühlen lassen und mit gesiebtem Puderzucker bestreuen. Zum Servieren in Quadrate schneiden.

ergibt 16 Stücke

375 g Mehl
30 g Hefe
1 TL Zucker
$1/8$ l zimmerwarme
Buttermilch
1 Ei (Gr. M)
60 g weiche Butter
50 g Zucker
1 Prise Salz
1 kräftige Messerspitze
Zimtpulver
4 Tropfen Bittermandel-
Aroma

Zum Bestreichen:

30 g weiche Butter

Für die Streusel:

375 g weiche Butter
500 g Mehl
1 kräftige Prise Zimtpulver
1 Prise Salz
250 g Zucker
Puderzucker zum Bestäuben

Appelkauken (Apfelkuchen)

ergibt 12 Stücke

Für die Füllung:
800 g Äpfel (Boskop)
¼ l Wasser
1 Stück Zimtstange
2 EL Zucker

Für den Teig:
3 Eier (Gr. M)
250 g Zucker
250 g Mehl
1 kräftige Messerspitze
Bourbon-Vanille
½ Päckchen Backpulver

Außerdem:
Butter für die Form
4 EL Aprikosenkonfitüre
1 – 2 EL Wasser

Für den Guss:
200 g Puderzucker
Saft von 1 Zitrone

• Für die Füllung die Äpfel schälen und achteln. Das Kerngehäuse entfernen. Die Apfelspalten in dünne Scheiben schneiden. Wasser, Zimtstange und Zucker aufkochen. Äpfel zufügen und 5–8 Minuten zugedeckt dünsten.

• Für den Teig Eier und Zucker schaumig schlagen. Mehl, Bourbon-Vanille und Backpulver einrühren. Die Hälfte des Teiges in eine am Boden und am Rand eingefettete Springform (26 Zentimeter Durchmesser) geben. Darauf eine Schicht abgetropfte Apfelscheiben legen, und den restlichen Teig darüber verteilen.

• Im vorgeheizten Backofen auf der unteren Schiene bei 180 Grad (Gas: Stufe 2–3; Umluft: 160 Grad) 20 Minuten backen. Aus dem Backofen nehmen und mit einem spitzen Messer den Rand lockern. Die Aprikosenkonfitüre mit wenig Wasser verrühren und unter ständigem Rühren in einem kleinen Topf leicht köcheln. Die Oberfläche damit dünn bestreichen.

• Für den Guss Puderzucker und Zitronensaft verrühren, in einen Spritzbeutel (kleine Lochtülle) geben und die Kuchenoberfläche in unregelmäßigem Zackenmuster garnieren.

🎂 **TIPP:** Statt Zitronenguss schmeckt auch ein Zimtguss. Dazu wird Zitronensaft durch Wasser ersetzt und 1 Teelöffel Zimtpulver hineingerührt.

Saure-Sahne-Kringel

• Das Mehl in eine Schüssel geben, Butterflöckchen, Sahne und Salz zufügen und schnell zu einem Mürbeteig verarbeiten; zu einer Kugel formen, flachdrücken und in Frischhaltefolie gewickelt im Kühlschrank 30 Minuten ruhen lassen.
• Den Teig auf leicht bemehlter Fläche etwa ½ Zentimeter dick ausrollen und mit Ausstechformen unterschiedlich große Ringe ausstechen. Auf ein mit Backpapier ausgelegtes Backblech setzen, mit in Wasser verrührtem Eigelb bestreichen und mit Hagelzucker bestreuen. Im vorgeheizten Backofen auf der mittleren Schiene bei 180 Grad (Gas: Stufe 2–3; Umluft: 160 Grad) 10–12 Minuten backen. Dann vom Blech nehmen und völlig auskühlen lassen.

ergibt etwa 30 Stück
200 g Mehl
100 g weiche Butter
1 Becher (150 g) saure Sahne
1 Prise Salz
Mehl zum Ausrollen
1 Eigelb
1 EL Wasser
Hagelzucker zum Bestreuen

Ostsee-Kiesel

• Das Mehl in eine Schüssel geben. Butterflöckchen, Eier, Zitronensaft und –schale, Hirschhornsalz oder Backpulver sowie Kardamom zufügen und zu einem festen Teig verarbeiten. Den Grümmel unterkneten.
• Aus dem Teig walnussgroße Kugeln formen und nicht zu dicht nebeneinander auf ein mit Backpapier ausgelegtes Backblech setzen. Im vorgeheizten Backofen auf der mittleren Schiene bei 170 Grad (Gas: Stufe 2; Umluft: 150 Grad) 10–12 Minuten backen.

ergibt etwa 60 Stück
500 g Mehl
150 g weiche Butter
3 Eier (Gr. M)
Schale und Saft von 1 Bio-Zitrone
½ TL Hirschhornsalz oder 1 gestrichener TL Backpulver
1 gestrichener TL Kardamom
500 g Grümmel (gestoßener brauner Kandis)

Fruchtmakronen

ergibt etwa 25 Stück

2 Eiweiß (Gr. M)
100 g Puderzucker
1 kräftige Messerspitze Zimt
abgeriebene Schale
von 1 Bio-Zitrone
100 g Haselnüsse, gerieben
30 g gewürfeltes Zitronat
100 g gemischte Trocken-
früchte (Feigen, Datteln,
Kurpflaumen, Korinthen),
fein gehackt

Zum Verzieren:

125 g Puderzucker
2 – 3 EL Zitronensaft

• Das Eiweiß steif schlagen, nach und nach den gesiebten Zucker, Zimt und Zitronenschale zugeben. Zitronat noch sehr viel feiner hacken, die Trockenfrüchte ebenso fein schneiden. Mit Haselnüssen unter den Teig kneten.

• Vom Teig mit zwei Teelöffeln kleine Nocken abstechen. Auf ein mit Backpapier ausgelegtes Backblech setzen und im vorgeheizten Backofen, mittlere Schiene, bei 180 Grad (Gas: Stufe 2 – 3; Umluft: 160 Grad) etwa 30 – 40 Minuten backen.

• Nach dem Auskühlen Puderzucker und Zitronensaft verrühren, in eine kleine Pergamenttüte geben und in eine Ecke ein winziges Loch schneiden. Das Gebäck mit großzügigen Mustern verzieren.

Grieben-Plätzchen

ergibt etwa 30 Stück

Für den Teig:

200 g Grieben (von ausge-
lassenen Flomen)
150 g Zucker
200 g Mehl
1 EL Arrak
je 1 TL Zimtpulver und
Nelkenpfeffer
abgeriebene Schale von
1 Bio-Zitrone
1 Prise Salz
2 Eier (Gr. M)

Außerdem:

Mehl zum Ausrollen

• Die ausgelassenen krossen Grieben mit dem Handrührgerät (Schneidstab) zerkleinern. Zucker, Mehl, Arrak, Gewürze und Eier zugeben, verrühren und rasch zu einem Teig verkneten. Den Teig 30 Minuten zugedeckt kühl stellen.

• Den Teig auf leicht bemehlter Fläche dünn ausrollen und Plätzchen ausstechen. Diese auf ein mit Backpapier ausgelegtes Blech setzen. Im vorgeheizten Backofen, mittlere Schiene, bei 200 Grad (Gas: Stufe 3; Umluft: 180 Grad) etwa 10 – 12 Minuten backen.

Brun Pepernöt (Braune Pfeffernüsse)

• Rübensirup und Zucker bei schwacher Hitze leicht aufkochen und aufschäumen, das zerlassene Schmalz und die Butter unterrühren. Alles abkühlen lassen.

• Dann Mehl, Gewürze, Pottasche und Eier zufügen. Mit dem Handrührgerät (Knethaken) gut verkneten. Den Teig in eine Schüssel setzen und mit einem feuchten Tuch bedeckt über Nacht bei Raumtemperatur ruhen lassen.

• Aus dem Teig kleine Kugeln (Durchmesser etwa 2 Zentimeter) formen. In wenig Mehl wenden. Auf ein mit Backpapier ausgelegtes Blech setzen. Im vorgeheizten Backofen auf der mittleren Schiene bei 170 Grad (Gas: Stufe 2; Umluft: 150 Grad) etwa 20 Minuten backen. Gebäck vom Blech nehmen und auf einem Kuchengitter gut auskühlen lassen.

🎂 **TIPP:** Statt Rübensirup kann auch Bienenhonig verwendet werden.

ergibt etwa 80 Stück

300 g Rübensirup
125 g Zucker
60 g zerlassenes Schmalz
60 g zerlassene Butter
625 g Mehl
1 TL Nelkenpfeffer
1 TL Kardamom
10 g in etwas Wasser aufgelöste Pottasche
2 Eier (Gr. M)
Mehl zum Wenden

Witt Pepernöt (Weiße Pfeffernüsse)

• Eier und Zucker weißcremig schlagen. Mandeln, Zitronenschale, Mehl und das in Wasser aufgelöste Hirschhornsalz unterrühren und einen geschmeidigen Teig kneten.

• Von dem Teig mit einem Teelöffel kleine Stücke abstechen, zu Kugeln formen (Durchmesser etwa 2 cm), leicht in Mehl wenden und auf ein mit Backpapier ausgelegtes Blech setzen. Die Kugeln mit verrührtem Eigelb bestreichen.

• Im vorgeheizten Backofen auf der mittleren Schiene bei 200 Grad (Gas: Stufe 3; Umluft: 180 Grad)

• 15–20 Minuten backen. Das Gebäck vom Blech nehmen und auf einem Kuchengitter gut auskühlen lassen.

🎂 **TIPP:** Die Witt Pepernöt werden hin und wieder mit 75 Gramm gehacktem Zitronat zubereitet.

ergibt etwa 80 Stück

3 Eier (Gr. M)
375 g Zucker
125 g gemahlene Mandeln
abgeriebene Schale von
1 Bio-Zitrone
375 g Mehl
8 g Hirschhornsalz
1 ½ EL Wasser
Mehl zum Wenden
2 Eigelb

Notizen und weitere Rezepte:

_____
_____
_____
_____
_____
_____
_____
_____
_____
_____
_____
_____
_____
_____
_____
_____
_____
_____
_____
_____
_____
_____
_____
_____
_____
_____
_____
_____
_____
_____
_____
_____

SÜSSE GERICHTE –
Gaumenfreuden mit Tradition

Wie überall wird auch in Mecklenburg-Vorpommern ein einfaches Essen oder Menü durch ein Dessert angenehm ergänzt. Früher aß man Süßspeisen als Hauptgericht.

So fallen die Süßspeisen in Mecklenburg-Vorpommern gehaltvoll und handfest aus, selbst wenn man vom Namen her, wie beispielsweise bei der Götterspeise, etwas anderes annehmen könnte. Das Gleiche trifft auch auf die berühmte Zitronencreme zu: Von zarter Natur ist sie – in kleinen Mengen genossen – ein vortreffliches Dessert. Doch wurde auch sie früher schüsselweise aufgetischt.

Blinis nach Katharina

ergibt etwa 30 Stück

150 g gemahlene
Buchweizengrütze
0,2 l Wasser
100 g Mehl
20 g Hefe
½ TL Zucker
2–3 EL lauwarme Milch
knapp ¼ l Milch
50 g Butter
1 Ei
Salz
Butterschmalz zum Braten
Crème fraîche
Kaviar-Ersatz (z.B. Lachs-,
Stör- oder Forellen-Kaviar)

• Die Buchweizengrütze in einer Pfanne goldbraun rösten, mit Wasser ablöschen und abkühlen lassen. Zusammen mit Mehl in eine Schüssel geben. In die Mitte eine Mulde drücken, die Hefe hineinbröckeln, mit Zucker bestreuen, etwas Milch zufügen und mit etwas Mehl vom Rand verrühren. Zugedeckt an einem warmen Ort 20 Minuten gehen lassen.

• Die Butter zerlassen und zusammen mit Milch, Ei und Salz zufügen. Alles zu einem geschmeidigen Teig verkneten. Zugedeckt an einem warmen Ort 70 Minuten ruhen lassen.
Butterschmalz erhitzen und darin etwa handtellergroße Blinis backen. Auf vorgewärmten Tellern mit Crème fraîche und Kaviar anrichten.

• Dieses Rezept stammt aus dem Elternhaus meiner Großmutter. Und so wurden die Blinis von der russischen Kochfrau Katharina bei der Ur-Großmutter Åbo zum Jahreswechsel serviert:
– mit frischen, in etwas Butter gedünsteten Preiselbeeren (auch Konfitüre), bestreut mit zerdrückten weißen Pfefferkörnern,
– mit Himbeeren, mit etwas Himbeergeist und mit geschlagener Sahne verrührt und mit gehackten Pfefferminzblättern bestreut,
– mit blättrig geschnittenen Champignons, mit einer winzigen, zerdrückten Knoblauchzehe und einem knappen Teelöffel Tomatenmark in einer Pfanne gegart und mit Kerbelblättchen bestreut,
– mit Rührei samt dünnen Schinkenstreifen, gehackten Kräutern und Cayennepfeffer,
– mit klein gehackten Matjes und Porree- und Zwiebelringen in einer Marinade aus Olivenöl, Zitronensaft, schwarzem Pfeffer und etwas Senf.

Als Getränk gab es zu diesem Imbiss nicht Alkohol, sondern Tee, denn Katharina war der Ansicht: »Tee reinigt das Blut, bezwingt die schweren Träume, befreit das Gehirn, klärt das Auge, vertreibt den Trübsinn, macht tapfer und flink und verbessert das Erinnerungsvermögen.« Bessere Wünsche für das Neue Jahr kann es nicht geben!

Götterspeise

• Preiselbeeren oder Kirschen abbrausen, verlesen, bzw. entstielen. Mit Zucker, Zitronensaft und Zimtstange in einem Topf sanft so lange aufkochen, bis die Früchte weich sind. Abkühlen lassen und die Zimtstange herausnehmen. Die Schwarzbrotscheiben im Blitzhacker grob zerkleinern.

• Butter in einer Pfanne schmelzen lassen, die Brotkrümel darin unter Wenden anrösten, 1 Päckchen Vanillezucker unterrühren und abkühlen lassen. Danach 2 Esslöffel Schokolade untermischen.

• Dickmilch und Vanillezucker verrühren. Vier Schälchen schichtweise mit der Schwarzbrotmischung, Preiselbeeren oder Kirschen und der Dickmilch füllen. Die letzte Schicht sollte Dickmilch sein. Die Schälchen für 1 Stunde kühl stellen. Mit restlicher geriebener Schokolade bestreuen und sofort servieren.

🍓 **TIPP:** Sollte das Schwarzbrot noch zu frisch sein, kann es auf dem Rost im Backofen getrocknet werden.
Statt ½ Liter Dickmilch kann auch ¼ Liter geschlagene Sahne und ¼ Liter Dickmilch verwendet werden.

Mit dieser Götterspeise nach Originalrezept bewirtete Fräulein von Rohr im Kloster Dobbertin seinerzeit bereits Theodor Fontane, den Dichter des »Stechlin«. Dazu servierte sie Tee. Fontane muss diese Speise so gut gemundet haben, dass er sie in einem Neujahrsgruß, den er am 1. Januar 1866 ins Kloster Dobbertin schrieb, erwähnte:

> *»Freundschaft, Verse,*
> *Götterspeise,*
> *Thee und feine Fleischerwaare,*
> *Alles in der alten Weise*
> *Auch in diesem Jahr;*
> *Und das Glück von Dobbertin*
> *Mög' ein Weilchen noch*
> *verziehn.«*

750 g Preiselbeeren oder Sauerkirschen
200 g Zucker
Saft von 1 Bio-Zitrone
1 Zimtstange

10 Scheiben Schwarzbrot (z. B. Roggenbrot), altbacken
40 g weiche Butter
½ l Dickmilch
2 Päckchen Vanillezucker
4 EL Halbbitter-Schokolade, gerieben

Pflaumen-Auflauf
(Schwarzer Magister)

400 g Kurpflaumen
(Backpflaumen ohne Stein)
¼ l Wasser
100 g Zucker
abgeriebene Schale von
1 Bio-Zitrone
1 kleines Stück Zimtstange
1 Prise Salz
30 g Butter zum Einfetten
250 g Toastbrotscheiben
(10 Scheiben à 25 g)

Für die Eiermilch:
4 Eier (Gr. M)
½ l Milch
200 ml Schlagsahne
1 kräftige Prise Zimt

Außerdem:
etwa 5–6 EL Pflaumen-
flüssigkeit
40 g Butter

• Die Kurpflaumen abspülen und trocken tupfen. In einem Topf Wasser, Zucker, Zitronenschale, Zimtstange und Salz aufkochen. Die Pflaumen darin zugedeckt 10 Minuten ziehen lassen. Danach herausnehmen und abtropfen lassen. Eine feuerfeste, rechteckige Auflaufform einfetten und mit der Hälfte der Toastbrotscheiben auslegen. Darüber kommen die Pflaumen. Dann mit restlichen Toastbrotscheiben abdecken.

• Für die Eiermilch Eier, Milch, Sahne, Zimt und Pflaumenflüssigkeit verrühren und über den Auflauf gießen. Gleichmäßig mit Butterflöckchen besetzen. Im vorgeheizten Backofen auf der unteren Schiene bei 200 Grad (Gas: Stufe 3; Umluft: 180 Grad) etwa 45 Minuten backen.

Versunkene Birnen

• Die Birnen schälen, halbieren. Kerngehäuse entfernen. Wasser, Zucker und Zitronenschale aufkochen. Zugedeckt 10–15 Minuten (je nach Reife der Birnen) dünsten.
Eine Auflaufform mit den Speckscheiben auslegen. Die Birnenhälften abtropfen und mit der Rundung nach oben in die Form legen.
• Für den Teig die Eier trennen, Eigelb und Zucker weißcremig schlagen. Mehl, Backpulver, Milch und Vanillezucker unterrühren. Eiweiß steif schlagen und unter die Eigelbmasse heben. Die Teigmasse gleichmäßig über den Birnen verteilen. Die Form in den vorgeheizten Backofen, untere Schiene, setzen und bei 200 Grad (Gas: Stufe 3; Umluft: 180 Grad) etwa 45 Minuten backen.
• Das Birnenkochwasser mit Wasser oder Apfelsaft auf 1 Liter ergänzen. In einem Topf erhitzen, die Zitronenschale entfernen. Die Flüssigkeit mit wenig Wasser verrührter Speisestärke binden. Die Soße zu dem Auflauf servieren.

🍓 **TIPP:** Statt Wasser oder Apfelsaft können Sie auch roten Fruchtsaft oder -sirup verwenden.

1 kg nicht ganz reife, nicht zu große Birnen
(z.B. Williams Christ)
½ l Wasser
2 EL Zucker
Schale von 1 Bio-Zitrone
150 g fetter Speck, in sehr dünne Scheiben geschnitten

Für den Teig:
3 Eier (Gr. M)
80 g Zucker
200 g Mehl
2 gestrichene TL Backpulver
$1/8$ l Milch
1 Päckchen Vanillezucker

Für die Soße:
etwa $1/8$ l Wasser oder Apfelsaft
2 EL Speisestärke

Semmelpudding mit Weinschaumsoße

250 g Semmeln (Brötchen)
³/₈ l Milch
80 g weiche Butter
80 g Zucker
2 Eigelb
abgeriebene Schale von
1 Bio-Zitrone

50 g gehackte Mandeln
1 Prise Salz
2 Tropfen Bittermandel-
Aroma
50 g Rosinen
50 g Korinthen
2 Eiweiß
Butter zum Einfetten
Semmelbrösel zum
Ausstreuen

Für die Soße:
1 Ei (Gr. M)
1 EL Puderzucker
1 TL Speisestärke
¼ l lieblicher Weißwein
Saft von 1 Zitrone

• Semmeln grob zerkleinern und in Milch einweichen. Weiche Butter, Zucker und Eigelb schaumig rühren. Semmeln mit Milch, der abgeriebenen Zitronenschale, Mandeln, Gewürzen, Rosinen und Korinthen verrühren.

• Eiweiß steif schlagen und unter die Semmelmasse heben. Eine Puddingform (2 Liter Inhalt) einfetten, mit Semmelbröseln ausstreuen und die Masse zu Dreivierteln einfüllen, dabei die Form einmal stärker auf die Tischplatte klopfen. Die Form verschließen und in einen hohen Topf stellen. Wasser bis zwei Finger breit unter dem Rand der Puddingform einfüllen. Den Topf zudecken und bei mittlerer Hitze etwa 60 Minuten garen. Danach noch 10 Minuten bei ausgeschaltetem Herd ruhen lassen. Die Form öffnen, Rand lockern und auf eine vorgewärmte Servierplatte stürzen.

• Für die Soße alle Zutaten in einem Topf verrühren, unter ständigem Schlagen mit dem Handrührgerät bei kleiner Hitze zum Kochen bringen und etwa 3–4 Minuten schlagen, bis die Masse dicklich wird. Den Topf vom Herd nehmen und weiterschlagen. Zum Servieren den Pudding in Stücke schneiden und mit der Soße servieren.

Schwarzbrotpudding

• Geriebenes Roggenbrot und Butter in einem Topf verrühren und erhitzen. Bier zugießen. Die Masse abkühlen lassen.

• Eigelb und die Hälfte des Zuckers weißcremig schlagen. Die Mandeln, Zitronenschale und Gewürze zufügen. Eiweiß und restlichen Zucker schnittfest schlagen und vorsichtig unter die Eigelbmasse heben.

• Eine Puddingform (2 Liter Inhalt) mit Butter einfetten, mit feingemahlenen Mandeln ausstreuen. Die Puddingmasse zu Dreivierteln einfüllen, dabei einmal kräftig auf die Arbeitsplatte aufklopfen.

• Die Form verschließen, in einen hohen großen Topf stellen. Wasser einfüllen, so dass die Form zwei Finger breit unter dem Rand der Puddingform im Wasser steht. Zugedeckt bei kleiner Hitze etwa 60 Minuten kochen. Dann noch 15 Minuten bei ausgeschaltetem Herd zu Ende garen.

• Für die Fruchtsoße die Erdbeeren abbrausen, trocken tupfen. Mit dem Pürierstab zerkleinern, in einen Topf geben, Wein zufügen und einmal kurz erhitzen. Zum Servieren den Pudding stürzen, in Stücke schneiden und mit der Soße anrichten.

125 g altbackenes, fein geriebenes Roggenbrot
50 g weiche Butter
1 Glas dunkles Bier (100 ml)
6 Eigelb (Gr. M)
50 g Zucker
125 g feingehackte Mandeln
abgeriebene Schale von
¼ Bio-Zitrone
je 1 Prise Zimt und
Kardamom, gemahlen
6 Eiweiß (Gr. M)

Für die Form:
etwas Butter
50 g feingemahlene Mandeln zum Ausstreuen

Für die Fruchtsoße:
250 g Erdbeeren
½ l süßlicher Wein
(Spätlese) oder Dessertwein
(dunkler Sherry)

Buttermilchflinsen

¼ l Buttermilch
2 Eier (Gr. M)
1 Messerspitze Salz
120 g Mehl
100 g Butterschmalz
100 g Zucker
2 TL Zimt

• Für den Teig Buttermilch, Eier und Salz verrühren. Das Mehl esslöffelweise unterühren. 30 Minuten quellen lassen.
• Das Butterschmalz in einer Pfanne erhitzen. Jeweils eine kleine Schöpfkelle mit Teig in die Mitte geben und bis zum Pfannenrand laufen lassen. Sobald die Oberfläche leicht getrocknet ist und die Ränder bräunen, den Teigfladen mit Hilfe eines Deckels umdrehen und von der anderen Seite ebenfalls goldgelb braten. Zucker und Zimt mischen. Zum Servieren mit dem Zucker-Zimt-Gemisch bestreuen.
Beilage: Gemischte, gedünstete Beerenfrüchte wie Erdbeeren und Heidelbeeren, Brombeeren, Himbeeren.

Bierkollschal mit Schneeklößchen
(Bierkaltschale mit Schneeklößchen)

1 Bio-Zitrone
¾ l helles Bier
200 g Zucker
200 g Rosinen
2 Tassen geriebenes, altbackenes Roggenbrot (140 g)

Für die Schneeklößchen:
2 Eiweiß
1 EL Zucker

• Die Schale der Zitrone abreiben und die Frucht in Scheiben schneiden. Die Hälfte der abgeriebenen Zitronenschale und die Zitronenstücke mit Bier und Zucker aufkochen. Die Rosinen gründlich waschen und trocken tupfen.
• Das geriebene Roggenbrot und die Rosinen zugeben. Bei kleiner Hitze etwa 15 Minuten kochen. Zwischendurch umrühren. Die Zitronenscheiben entfernen. Die Suppe abschmecken und abgekühlt in den Kühlschrank stellen.
• Für die Schneeklößchen Eiweiß und Zucker schnittfest schlagen. Mit zwei Teelöffeln kleine Nocken abstechen und auf siedendem Wasser einige Minuten garen. Zum Servieren die Klößchen auf die Suppe setzen.

Buttermilchkaltschale

• Buttermilch mit Schmant oder saurer Sahne verrühren. Das Roggenbrot in kleine Würfel schneiden. Butterschmalz erhitzen und die Roggenbrotwürfel darin unter Wenden anbraten. Herausnehmen und abkühlen lassen.
• Die Zwiebäcke in grobe Stücke bröckeln und zusammen mit dem abgekühlten Roggenbrot in die Buttermilchkaltschale geben. Nach Belieben mit Zucker und Zimt bestreuen.

Dieses Rezept aus Pommern stammt aus der Zeit, als noch im Hause gebuttert wurde. Die frische Buttermilch war im Geschmack schön mild, leicht säuerlich, und obenauf schwammen winzige Butterklümpchen.

1 ¼ l frische Buttermilch
150 ml Schmant oder saure Sahne
4 Scheiben altbackenes Roggenbrot (180 g)
20 g Butterschmalz
4 Zwiebäcke
Zucker
¼ TL Zimt

Kürbisreis

• Den Reis gründlich waschen. Wasser und Salz in einem Topf aufkochen. Reis und 1 Esslöffel Zucker zugeben und bei mittlerer Hitze etwa 20 Minuten ausquellen lassen.
• Den Kürbis schälen, die Kerne und die weiße Haut entfernen. Kürbisfleisch in 2 Zentimeter große Würfel schneiden, mit 2 Esslöffel Zucker bestreuen und 30 Minuten zugedeckt ziehen lassen. Wasser und 2 Esslöffel Zucker aufkochen. Zimtstange, Zitronenschale und-saft sowie Kürbiswürfel zugeben. Kürbisfleisch zugedeckt bei kleiner Hitze (je nach Reife des Kürbisfleisches) 15 – 20 Minuten ziehen lassen, bis die Kürbisstücke leicht glasig sind. Zimt und Zitronenschale entfernen. Den Reis unter das Kürbiskompott heben und mit Zucker, Salz und Zitronensaft abschmecken.

250 g Rund- oder Langkornreis
1 ½ l Wasser
1 Prise Salz
5 EL Zucker
750 g reifer Kürbis (z.B. Muskatkürbis)
¼ l Wasser
1 kleine Zimtstange
abgeschälte Schale von ¼ Bio-Zitrone
1 – 2 EL Zitronensaft

Baba au rhum
(Hefekranz mit Rum)

für 6 Portionen
250 g Mehl
20 g Hefe
1 TL Zucker
1/8 l lauwarme Milch
50 g zerlassene Butter
1 Prise Salz
20 g Zucker
abgeriebene Schale von
1 Bio-Zitrone
3 Eier (Gr. M)

Zum Tränken:
150 ml Wasser
125 g Zucker
4 Gläser (je 2 cl) Rum

Zum Bestreichen:
3 EL Aprikosenkonfitüre

Außerdem:
Butter zum Einfetten
Semmelmehl für die Form

• Mehl in eine Schüssel geben, in die Mitte eine Mulde drücken. Hefe hineinbröckeln, Zucker und Milch zugeben und zum Vorteig verrühren. 15 Minuten gehen lassen.

• Butter, Salz, Zucker, die Hälfte der Zitronenschale sowie die Eier zugeben und mit dem Mehl zu einem geschmeidigen Teig verkneten. Nochmals 10 Minuten gehen lassen.

• Eine Ringform (ca. 20 Zentimeter Durchmesser) mit Butter ausstreichen und mit Semmelmehl ausstreuen. Die Form zu zwei Drittel mit dem Teig füllen, diesen erneut gehen lassen und dann im vorgeheizten Backofen, untere Schiene, bei 200 Grad (Gas: Stufe 3; Umluft: 180 Grad) etwa 30 Minuten backen. Wasser und Zucker in einem Topf verrühren und so lange kochen, bis die Mischung klar ist. Restliche Zitronenschale und Rum zugeben. Den warmen Kuchen damit tränken.

• Zum Bestreichen die Aprikosenkonfitüre erhitzen, durch ein Sieb streichen und auf den Kuchen streichen. Den Kuchen völlig auskühlen lassen.

Beilage: vanillierte Schlagsahne.

Herbstlicher Obstsalat

• Die Pflaumen gut abtropfen lassen lassen. Ein Drittel mit dem Handrührgerät (Schneidstab) pürieren. Puderzucker, Weinbrand und Himbeergeist einrühren. Durch ein feines Sieb streichen. Die restlichen Pflaumen und die abgetropften Kürbisstücke in das Fruchtpüree geben. Zugedeckt kalt stellen.
• Das Fruchtpüree mit den Früchten in tiefe Teller füllen. In die Mitte jeweils eine Eiskugel setzen. Mit Mandelblättchen bestreuen und mit flüssiger Schlagsahne und Blättchen von Zitronenmelisse oder Minze garniert servieren.

600 g Pflaumen (Glas)
50 g Puderzucker
4 EL Weinbrand
2 EL Himbeergeist
350 g Kürbis (Glas)
500 ml Vanilleeis
50 g Mandelblättchen
¼ l Schlagsahne
einige Blättchen von Zitronenmelisse oder Minze

Viermus

• Die Preiselbeeren verlesen, abbrausen und gut abtropfen lassen. Mit 125 Gramm Zucker und dem Wasser in einem Topf bei kleiner Hitze 10 Minuten dünsten. Inzwischen Äpfel und Birnen schälen, achteln und das Kerngehäuse entfernen. Die Achtel in dünne Scheiben schneiden. Die Zwetschgen abbrausen, trocken tupfen, vierteln und entsteinen. Zuerst die Zwetschgen zu den Preisebeeren geben und 5–6 Minuten kochen lassen. Ingwer schälen und würfeln. Dann die anderen Früchte mit Zimtstange, Nelken, Zitronenschale, Ingwer und dem restlichen Zucker dazugeben. Eventuell noch 60 ml Wasser zugießen.
• Die Fruchtmischung weitere 10 – 15 Minuten kochen lassen. Das Viermus ist gut, wenn es sämig, die Apfel- und Birnenstücke noch erkennbar sind. In vorbereitete Gläser füllen und sofort verschließen.

Ergibt etwa 6 Gläser à 450 g
500 g Preiselbeeren
500 g Zucker
$1/_8$ l Wasser
je 500 g Äpfel, Birnen und Zwetschgen
1 Zimtstange
2 Nelken
abgeschälte Schale von ½ Bio-Zitrone
30 g frischer Ingwer

🍓 **TIPP:** Ein Schuss Alkohol wie Madeira, Rum, Portwein oder Sherry gibt dem Viermus das gewisse Etwas.

Dieses Rezept stammt von einem Gutshof, auf dem viele Jagdessen stattfanden. Viermus kann nicht nur ein Dessert sein, sondern auch eine Beilage zu Wild, geschmortem Braten, aufgeschnittenem gekochtem Schinken und Roastbeef.

Zitronencreme

6 Blatt weiße Gelatine
4 Eier (Gr. M)
1 Bio-Zitrone
120 g Zucker
¼ l Schlagsahne

• Gelatine in kaltem Wasser einweichen. Die Eier trennen. Die Zitrone abreiben, den Saft gründlich auspressen und durchseihen. Eigelb und Zucker dickschaumig schlagen.
• Die Gelatine ausdrücken und in 3 Esslöffeln heißem Wasser in einer Schüssel auflösen. Den durchgeseihten Zitronensaft (etwa 100 ml) und die abgeriebene Zitronenschale zufügen. Die Creme kühl stellen, damit sie gelieren kann.
• Eiweiß und Schlagsahne getrennt steif schlagen. Sobald die Creme zu gelieren beginnt, nacheinander Eiweiß und geschlagene Sahne auf die Zitronenmasse geben und vorsichtig unterziehen. Die Creme in eine große oder mehrere kleine Schälchen verteilen und völlig erstarren lassen.

Früher verstand es sich von selbst, dass diese wundervolle Speise – man schrieb sie »Citronencreem« oder »Cream« – immer der krönende Abschluss eines Essens war. Ja, schüsselweise wurde sie aufgetragen. Hin und wieder wechselte man die Geschmacksrichtung; dann war es eben Orangencreme. Dafür wurde die Zitrone durch eine Orange ersetzen. Heute sollte beim Dessert nicht die Menge ausschlaggebend sein, sondern die geschmackliche Ergänzung einer Mahlzeit.

Birnen und Klöße

• Die Birnen schälen, vierteln und das Kerngehäuse entfernen. In Zuckerwasser mit Zimtstange und Zitronenschale 8–10 Minuten garen. Die Flüssigkeit mit in wenig Wasser angerührter Speisestärke binden und warm stellen.
• Für die Klöße Eier trennen. Butter, Sahne und Eigelb schaumig rühren. Unter ständigem Schlagen die Gewürze und Semmelbrösel zufügen. Das Eiweiß steif schlagen und unter die Kloßmasse heben. Mit Hilfe von zwei Esslöffeln Klöße abstechen, in siedendes Salzwasser geben und 6–8 Minuten ziehen lassen. Mit einer Schaumkelle herausnehmen, gut abtropfen lassen und mit dem Birnenkompott anrichten.

🍓 **TIPP:** Wer mag, kann die Birnen mit einem Schuss Essig oder Zitronensaft säuerlich abschmecken.

1 kg reife, aber nicht zu weiche und nicht zu große Birnen (z.B. Williams Christ)
$3/8$ l Wasser
2 EL Zucker
1 Zimtstange
abgeriebene Schale von
1 Bio-Zitrone
1 EL Speisestärke

Für die Klöße:
200 g Butter
2 EL Sahne
2 Eier (Gr.M)
½ TL Salz
etwas geriebene Muskatnuss
6 EL Semmelmehl

Bratäpfel mit Preiselbeeren

• Äpfel abspülen, trocken tupfen und das Kerngehäuse ausstechen. Mit Preiselbeerkompott füllen, 20 g Butter in Flöckchen obenauf setzen. Eine feuerfeste Form leicht einfetten und die Äpfel hineinsetzen.
• Im vorgeheizten Backofen auf der zweiten Schiene von unten bei 200 Grad (Gas: Stufe 3; Umluft: 180 Grad) 25–30 Minuten backen, je nach Größe der Äpfel. 10 Minuten vor Ende der Backzeit aus restlicher Butter Flöckchen auf die Äpfel setzen und mit der Hälfte des Zuckers bestreuen.
• Die Bratäpfel herausnehmen, restlichen Zucker darüber streuen und sofort servieren.

4 Äpfel (Boskop)
8 EL Preiselbeerkompott
60 g Butter
3 EL brauner Zucker
Butter zum Einfetten
für die Form

Portwein-Äpfel

4 – 6 mittelgroße Äpfel
(Cox Orange)
60 g Butter
100 g Zucker
150 g Crème fraîche
5 – 6 EL Portwein

• Die Äpfel schälen, die Kerngehäuse ausstechen und die Äpfel in eine mit etwa 20 Gramm Butter gefettete, feuerfeste Form setzen.
• Crème fraîche verrühren. Äpfel innen und außen mit Zucker bestreuen und mit Crème fraîche begießen. Restliche Butter in Flöckchen obenauf setzen.
• Die Äpfel im vorgeheizten Backofen, untere Schiene, bei 220 Grad (Gas: Stufe 3 – 4; Umluft: 200 Grad) etwa 30 Minuten backen. Dann die Äpfel mit Portwein beträufelt servieren.

Backobstkompott

250 g Backobst
(Äpfel, Pflaumen,
Aprikosen, Birnen)
½ – ¾ l Wasser
abgeschälte Schale von
1 Bio-Zitrone
1 Zimtstange
Zucker nach Geschmack

• Das Backobst gründlich waschen, abtropfen lassen und in Wasser mit Zitronenschale und Zimtstange zugedeckt über Nacht einweichen.
• Am nächsten Tag in einem Topf aufkochen und etwa 10 Minuten leicht köcheln lassen. Zitronenschale und Zimtstange entfernen und nach Geschmack mit Zucker abschmecken

🍓 **TIPP:** Das Backobstkompott schmeckt auch kalt, ja sogar eisgekühlt hervorragend. Zur Verfeinerung etwas Zitronensaft und Rum zusetzen.

Kürbiskompott

2 kg Kürbis
³/₈ l Wasser
3 EL Zucker
3 EL Zitronensaft
abgeriebene Schale von
1 Bio-Zitrone
1 kleine Zimtstange

• Den Kürbis schälen, weiße Haut und Kerne entfernen. Die Kürbisstücke in 2 – 3 Zentimeter große Würfel schneiden. Die Kürbiswürfel mit Wasser, Zucker, Zitronenschale und -saft sowie Zimt aufkochen und je nach Reifegrad und Festigkeit 5 – 10 Minuten glasig werden lassen. Zitronenschale und Zimtstange entfernen. Das Kompott kalt stellen.

GETRÄNKE – die es in sich haben

Zum deftigen Essen mundet hauptsächlich Bier. Es steht auf den Speisekarten ganz oben und oft stammt es aus Mecklenburg-Vorpommern. Schließlich hat Bier hier Jahrhunderte lang Tradition. Man versteht sich auf den Gerstenanbau und die Braukunst. Biere, wie z. B. das Rostocker Pils, genießen seit der Hansezeit einen hervorragenden Ruf. Im Wismarer Brauregister vom 4. September 1464 bis zum 15. August 1465 sind 182 Bürger aufgeführt, die das Getränk gebraut haben. Man darf nicht vergessen: Bier und Fisch zählten im Mittelalter zu den Grundnahrungsmitteln. Und zum Bier gehört ein eisgekühlter Korn oder Köm (Kümmelschnaps) – ebenfalls aus dieser Gegend –, der bei der Verdauung hilft.

Doch auch Wein füllt im Land die Gläser – wenn auch erst seit dem 18. Jahrhundert. Am liebsten mochte man rote Bordeauxweine, die in Fässern per Schiff über Lübeck nach Mecklenburg kamen. Wenn sie am Ziel angelangt waren, mussten sie ein Vierteljahr lagern, bevor der Wein, der hier Rotspon heißt, getrunken werden konnte. Und woher kam der Name? Die Transportgefäße waren es, die dem Getränk den Namen gaben. »Spon« ist das spanische Wort für Holzfass, und die Fässer stammten aus den Pyrenäen. Nach der angemessenen Lagerzeit wurde der Wein in Karaffen gefüllt, die in Mecklenburg »Grenadiere« hießen. Man trank ihn zimmerwarm.

Von den Seeleuten stammt der Grog. Noch heute wird er nach altem Rezept bereitet: Rum muss, Zucker kann, Wasser braucht nicht. Genossen wird er natürlich besonders an frostigen Tagen im Winter oder an kühlen Tagen im Sommer. Neben Glühwein und den schon vor 100 Jahren beschriebenen Spezialgetränken Eierwein und Eierbier gibt es in Mecklenburg-Vorpommern auch Punsch von Rotwein und Arrak. Traditionsgemäß hat heute noch jeder sein eigenes Rezept parat. Hauptsache es wärmt schön durch und man fühlt sich wohl.

Grog

für 1 Portion
$1/_8$ l Wasser
2 – 3 TL Zucker
5 cl vorgewärmter Rum

• Wasser in einem Topf bis zum Siedepunkt erhitzen. Zucker und Rum in ein vorgewärmtes Grogglas geben. Mit Wasser auffüllen und gut verrühren.

🍸 **TIPP:** Zur Verfeinerung können Sie 1 – 2 Gewürznelken und ein kleines Stück Zimt mit aufkochen und 2 Esslöffel Zitronensaft zufügen. Zum Schluss kann das Getränk mit einer Zitronenscheibe garniert werden.

Der Sage nach soll der Grog seinen Namen von dem englischen Admiral Vernon haben. Von seinen Leuten wurde er mit dem Spitznamen Old Grog tituliert, weil er immer Kleider aus grobem Stoff – englisch grogram – trug. Vernon verbot seinen Untergebenen, den Rum pur zu trinken, um sie vor Gesundheitsschäden zu bewahren. Deshalb kamen die Matrosen auf die Idee, den Rum mit Wasser zu verdünnen. Dagegen hatte der Admiral wohl nichts.

Rotwein-Punsch

¾ l Rotwein
¼ l Rum (40 Vol. %)
1 Bio-Zitrone
Saft von 2 Orangen
8 Nelken
1 Stück Zimtstange
(etwa 4 cm)
4 EL Zucker

• Rotwein und Rum in einem Topf verrühren. Zitrone in heißem Wasser abspülen und trocken tupfen. Die Schale mit einem scharfen Messer dünn abschälen.
• Die Zitrone auspressen. Mit Orangensaft, Nelken, Zimtstange und Zucker zum Rotwein geben.
• Punsch bis kurz vor dem Kochen erhitzen (nicht kochen!) und durch ein Sieb in ein Gefäß seihen. Auf einem Rechaud warm stellen und heiß servieren.

Arrak-Punsch

• Die Schale der Zitronen mit Würfelzucker abreiben. Die Zitronen auspressen und den Saft durchseihen. Mit Zucker und Würfelzucker in den Tee geben. Den Zucker unter ständigem Rühren auflösen. Arrak dazugießen und den Punsch erhitzen, aber nicht kochen lassen!

Arrak ist ein hellbrauner Branntwein, der auch der »Rum der Asiaten« genannt wird. Das stimmt nur annähernd, denn Arrak wird aus Reis und Zuckerrohrmelasse oder zuckerhaltigen Säften, vornehmlich dem Saft der Blütenkolben der Kokospalme, hergestellt. Man schätzt ihn bei uns zum Aromatisieren von Backwaren oder als Grog-Basis.

4 Bio-Zitronen
12 – 15 Stück Würfelzucker
250 g Zucker
1 l heißer, starker Tee
½ l Arrak (60 Vol. %)

Eierbier

• Milch, Bier, Zucker, Nelken, Zimtstange und Eier in einem Topf im heißen Wasserbad schaumig schlagen. In feuerfeste Gläser füllen und sofort servieren. Nelken und Zimtstange können vorher entfernt werden. Allerdings intensivieren sie das Aroma.

🍸 **TIPP:** Eierbier schmeckt auch mit dunklem Bier zubereitet. Dann reichen 70 Gramm Zucker. Und statt Zimt kann man ein kleines Stück Ingwer mitkochen.

½ l Milch
½ l helles Bier
100 g Zucker
4 Gewürznelken
½ Stange Zimt
4 sehr frische Bio-Eier
(Gr. M)

Eierwin (Eierwein)

für 1 Portion
¹/₈ l trockener Weißwein
1 sehr frisches Bio-Eigelb
(Gr. M)
1 EL Zucker

• Den Weißwein in einem Topf vorsichtig erwärmen, nicht kochen! Eigelb und Zucker zugeben und so lange schlagen, bis der Zucker aufgelöst und die Masse homogen ist.

Eiergrog

für 1 Portion
4 cl (2 Glas) Rum (40 Vol. %)
1 sehr frisches Bio-Eigelb
(Gr. M)
2 gestrichene TL Zucker
heißes Wasser zum Auffüllen

• Den Rum langsam in einem Topf erhitzen. Eigelb und Zucker in einer Schüssel schaumig rühren, bis sich der Zucker völlig aufgelöst hat. Die Masse in ein Grogglas geben, Rum zugießen, umrühren und mit heißem Wasser auffüllen, bis der Eierschaum zum Rand hoch steigt.

Dieser zartgelbe Drink gehört in Mecklenburg-Vorpommern nicht nur zu den beliebtesten Stimmungsmachern, mit ihm kann auch so manche Erkältung wirkungsvoll bekämpft werden. Aber ohne Husten, Schnupfen und Heiserkeit schmeckt dieser Eiergrog noch einmal so gut!

Warmbier mit Rum

4 sehr frische Bio-Eigelb
(Gr. M)
je 1 Glas (2 cl) Rum
(40 Vol. %)
und Wacholderschnaps
1 Messerspitze gemahlener
Ingwer
½ l helles Bier

• Alle Zutaten bis auf das Bier miteinander verrühren und in das stark erhitzte, aber nicht kochende Bier geben. In Gläser füllen und sofort servieren.

Ei mit Sahn un Rum (Hoppelpoppel)

• Eigelb, Zucker und Muskatnuss in einer Schüssel schaumig schlagen. Erst die Sahne, dann den Rum unterrühren. In vier Longdrink-Gläser füllen und sofort servieren.

🍸 **TIPP:** Dieses Getränk kann auch heiß serviert werden. Dazu die Zutaten in einer Schüssel mischen und in einem Topf im heißen Wasserbad schaumig schlagen. Wer mag, kann etwas Muskatnuss über das fertige Getränk reiben. Und statt Muskatnuss schmeckt ebenso gut etwas fein abgeriebene Schale von einer Bio-Zitrone oder -Orange.

4 sehr frische Eigelb (Gr. M)
6 EL Zucker
etwas abgeriebene
Muskatnuss
¼ l gut gekühlte
Schlagsahne
¼ l Rum (40 Vol. %)

Holundersekt

• Die gewaschenen Holunderbeerdolden mit allen Zutaten in einen großen Behälter geben, umrühren und 3 Tage zugedeckt stehen lassen. Danach durch ein Tuch in einen anderen Behälter seihen, in Flaschen abfüllen und verschließen.
• Diese 4 Tage an einen sonnigen Platz stellen, bis die Flüssigkeit zu perlen beginnt. Dann kühl und dunkel stehend lagern und bis zum Frühjahr aufbewahren.

etwa 30 Holunderbeer-
dolden
7 l Wasser
1 kg Zucker
Schale von 2 Bio-Zitronen
50 g Weinsteinsäure

VERZEICHNIS DER REZEPTE

GEMÜSE

FLEISCH, GEFLÜGEL & WILD

HAUSSCHLACHTUNG

Die Deutsche Bibliothek verzeichnet diese Publikation in der
Deutschen Nationalbibliografie; detaillierte bibliografische
Daten sind im Internet über http://dnb.ddb.de abrufbar.

© Hinstorff Verlag GmbH, Rostock 2012

Lagerstraße 7, 18055 Rostock

Tel. 0381/4969-0

www.hinstorff.de

1. Auflage 2012

Herstellung: Hinstorff Verlag GmbH

Lektorat: Thomas Gallien

Illustrationen: Juliane Buchmann

Druck und Bindung: Beltz Bad Langensalza GmbH

Printed in Germany

ISBN 978-3-356-01482-2